포스트 코로나 : 호모 부스터가 온다

포스트 코로나 : 호모 부스터가 온다

발행일	2021년 3월 29일		
지은이	이종찬		
펴낸이	손형국		
펴낸곳	(주)북랩		
편집인	선일영	편집	정두철, 윤성아, 배진용, 김현아, 이예지
디자인	이현수, 한수희, 김민하, 김윤주, 허지혜	제작	박기성, 황동현, 구성우, 권태련
마케팅	김회란, 박진관		
출판등록	2004. 12. 1(제2012-000051호)		
주소	서울특별시 금천구 가산디지털 1로 168, 우림라이온스밸리 B동 B113~114호, C동 B101호		
홈페이지	www.book.co.kr		
전화번호	(02)2026-5777	팩스	(02)2026-5747
ISBN	979-11-6539-675-6 03320 (종이책)		979-11-6539-676-3 05320 (전자책)

포스트 코로나 호모 부스터가 온다

이종찬 지음

코로나19로 모두가 신음하는 이 시대,
우리는 '호모 부스터'형 인간이 되어야 한다!

『코로나와 4차 산업혁명이 만든 뉴노멀』저자 이종찬의
뉴노멀 생존전략 시리즈 2탄

북랩 book Lab

머리말

벌써 코로나가 온 지 1년이 넘어간다. 코로나 얘기는 계속 업데이트되고 있는 상황이라 오늘 얘기는 이미 지나간 얘기가 된다. 작년에 코로나가 발생하고 3월에 집필하여 5월에 출간한 『코로나와 4차 산업혁명이 만든 뉴노멀』에 나오는 예측은 상당수가 적중하였다. 코로나가 쉽게 물러가지 않을 거라는 점, 그리고 4차 산업의 여파로 우리 삶의 패러다임이 변하고 있다는 점이다.

코로나로 인해서 많은 사람들이 어려움에 처해 있다. 경제적으로 어려운 사람들이 많고, 정치적으로 양극화되고 미래를 알 수 없는 불확실성의 시대를 살아가고 있다. 사람들은 불안을 이기기 위해서 솔루션을 찾지만 답은 쉽게 찾아지지 않는다.

필자가 미국에 있으면서 미국과 한국이 처한 상황들을 동시에 보면서, 많은 점들이 유사하면서 또 어떤 점들은 상이하다는 것을 본다. 모든 것이 절망스러운 상황에서 코로나의 상황을 분석하고 암울한 미래를 예측한다고 나 또한 발을 뻗고 잘 수는 없었다. 나 자신 또한 이러한 상황을 이겨나가야 되고 나의 이웃, 미국 사회,

그리고 지금은 미국 시민권자가 되었지만 나의 조국인 한국 사회에도 뭔가 조금이나마 도움이 되고자 고민을 하였고 솔루션을 보태기 위해서 다시 한 번 졸작을 내어본다.

『코로나와 4차 산업혁명이 만든 뉴노멀』은 무명작가인 내게는 소중한 책이다. 많은 독자들이 사랑해주서서 얼떨결에 베스트셀러 순위 안에 드는 책이 되었다. 책의 깊이에 충실하기보다는 빠르게 출판하여 답답한 독자들의 갈증을 해소했다는 생각도 들고, 전반적으로 코로나와 4차 산업의 사회, 경제, 정치, 경영, 문화 등의 영역들을 포괄적으로 다루었다는 점이 어필하지 않았나 생각이 든다.

코로나가 유행한 지 1년이 지난 지금, 코로나는 언제 종식될지 기약이 없다. 보카치오(Giovanni Boccaccio)의 『데카메론』은 1348년부터 약 5년간 지속되었던 그 치명적인 흑사병의 창궐로 피렌체 인구의 3분의 1이 죽어나간 뒤 집필되었다. 피렌체에 흑사병이 휩쓸고 지나갈 때 가까스로 살아남은 열 명의 청춘 남녀들이 함께 피신을 가 열 가지씩의 이야기를 10일간 펼쳐낸 것이 바로 그 삶과 죽음에 대한 성찰이 담긴 이야기이다. 데카메론의 배경이 충분히 이해가 간다. 코로나가 길어지면서 나도 본의 아니게 글을 더 쓰게 된다. 일부러 출판을 위한 책을 쓰지 않는데, 상황이 그렇게 만든다.

작년 4월에 『코로나와 4차 산업혁명이 만든 뉴노멀』을 쓴 뒤의 사회, 경제, 정치, 문화의 변동, 그리고 필자 나름대로 대안에 대해 고민한 것들을 다시 책으로 엮어서 내어본다. 미국은 백신이 나와서 접종을 하고 있는 시점이지만 우리는 언제 정상 생활로 돌아갈 수 있을지 모른다. 희망고문처럼 마냥 낙관적으로만 기다릴 수는 없다. 뭔가 해야 한다. 그러기 위해서는 나를 부스트하고 남도 부스트하고 환경도 부스트하는 행동을 취해야 할 시기이다(영어 Boost는 '들어올리다', '북돋우다'라는 뜻의 단어이다).

이 책에서는 그러한 나의 작은 실천과 계획, 앞으로의 미래 트렌드 등을 얘기하려고 한다. 이 이야기는 끝나지 않는 이야기가 될 것이다. 이 책을 쓰는 시점에서 일 년 뒤, 또는 해마다 나는 더욱 성장할 것이며 또 실패도 하고 성공도 하면서 고군분투한 것을 독자들과 지속적으로 나누고자 한다. 본인은 미국에 살고 있지만 한국에서 관련 사업도 하고 있어서 항상 관심이 많다. 더군다나 세상이 너무 좁아져서 미국에서 사는 것과 한국에서 사는 것의 차이를 많이 못 느낀다. 내가 제시한 것들이 미국과 한국, 모두의 세상을 조금이라도 변화시키면 좋겠다는 바람이다.

미국 캘리포니아 오렌지 카운티에서

2021년 2월

이종찬

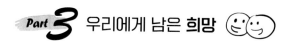

Part 3 우리에게 남은 희망

Part 1

우리가 처한
디스토피아

01.
팬데믹은 언제 끝날 것인가

코로나 바이러스가 우리에게 온 지도 1년이 넘었다. 아직도 팬데믹이 언제 종식될지 모르는 삶을 살고 있다. 백신이 나왔다고는 하지만 변종에 효과가 있을지, 항체 지속 기간이 얼마가 될지가 변수이다. 백신을 맞는 속도도 생각보다 느리다. 2021년 말에 종식될 거라는 전문가도 있고 2022년 말, 또는 영원히 갈 거라는 등 다양한 전문가들의 말들이 있다.

나는 코로나 초기에 출판한 『코로나와 4차 산업혁명이 만든 뉴노멀』에서 예측했지만 코로나가 오래 갈 것이라고 예측했다. 단순히 집단면역과 백신의 문제가 아니라 인류 문명의 전환, 즉 패러다임의 전환을 요구하는 뼈아픈 고통이 될 것이라고 본 것이다. 지구환경의 신음 소리와 인간의 물질주의, 혐오주의, 인종갈등 등의 모든 복합적인 문제가 코로나로 인해서 터져나온 것이다. 증상이야 코로나가 뾰루지같이 짜서 없애면 될 것 같지만 실은 암과 같은 인류의 근원적인 탐욕과 이기주의를 바탕으로 한 뿌리 깊은 문제들이 코로나라는 CT 촬영을 통해 드러난 것이다.

영국 옥스포드대 닉 보스트롬 교수는 최근 인터뷰에서 '취약한 세계 가설'에 대한 얘기를 하였다. '취약한 세계 가설'은 '우리는 언제든 멸망할 수 있다'라는 가설로, 코로나19 위기가 그 정도의 파괴 수준에 도달한다고는 보지 않지만, 그가 논문에서 밝힌 임의적인 파괴의 단계는 문명의 몰락을 불러올 수 있는 시점이 될 수도 있다는 것이다. 그는 '문명 파괴(civilizational devastation)'라는 용어를 썼는데, 이는 세계 인구의 15%가 사망하거나 세계적으로 GDP의 50%가 감소하고 그 상태가 10년 이상 지속되는 상황을 지칭한다. 특히 요즘처럼 국제적 연대와 협력이 사라진 상황에서는 글로벌 위험요소를 통제할 영향력 있는 리더십의 국가나 국제기구의 힘이 약화되어 더 취약해질 수 밖에 없는 상황이다. 지금까지는 운 좋게도 하얀 공을 뽑은 것뿐이지 언젠가는 검은 공이 나올 수도 있는 상황이라는 것이다.

그동안 자본주의 말고는 대안이 없는 상황에서 자본주의는 인간의 탐욕을 타고 점점 더 괴물처럼 되어가고 있다. 팬데믹 기간 중에 K자형 경기회복을 이루고 있다. 부동산과 주식의 폭등으로 한국, 미국의 개미들도 '영끌'을 하면서 너도나도 투자열풍이 불었다. 한편에서는 실직이나 사업체 폐업으로 아픔을 겪는 사람들이 있는가 하면, 한편에서는 팬데믹을 기회로 주식, 부동산 투자로 돈을 버는 사람들도 있다. 불안하니 돈을 더 쌓아야 하겠고, 나와 나의 가족 외에는 다른 사람들 신경 쓸 겨를도 없다.

사람들이 코로나를 대하는 방식은 그저 이 팬데믹이 빨리 지나가기를 바라거나 아니면 이 기회를 통해서 돈을 벌자는 식이 주류인 것 같다. 그러나 우리는 이 코로나가 던진 근본적인 질문에 대답을 하여야 한다. 최근 팬데믹 기간에 나는 안 보던 한국 드라마를 하나씩 보게 되었다. 그 중 「검법남녀」에 나오는 백범 법의관은 항상 동료들에게 '질문이 틀렸어'라는 말을 한다. 문제 정의에 시간을 쏟지 않으면 우리는 잘못된 답을 찾게 된다. 질문이 맞아야 한다. 우리가 코로나를 대하는 자세에 있어 질문을 먼저 제대로 하지 않으면 안 된다.

그동안 탐욕적인 금융 자본주의에 대한 비판과 환경과 기후 문제 등의 글로벌 이슈가 있었지만 당장 먹고 살기에 바쁘거나 무관심한 태도로 사는 모습이 우리의 모습이었다. 더군다나 트럼프 대통령의 반환경 정책, 자국 우선순위의 정책은 글로벌 위기에 연대하여 대응하지 못하도록 하였다. 코로나의 직접적인 원인이 인간의 환경파괴와 탐욕이라고 과학적으로 증명되지는 않아도, 적어도 우리의 삶은 돌아봐야 한다.

요즘 내가 관심을 가지고 읽었던 분야가 '메타인지'이다. 소크라테스가 '너 자신을 알라'고 한 것은 우리의 분수를 알라는 말이 아니라 '우리가 모르는 영역이 많이 있음을, 제대로 알고 있지 않음을 알라'는 얘기이다. 이것이 '메타인지'이다. 공부를 하는 이유도 이와 같다. 지식을 습득하기 위한 것도 있지만, 우리가 어떤 부분을 모르는지 파악하기 위한 것이다. 경영학에서는 이를 시스템 씽킹(System Thinking)이라고 하는데 전체의 숲과 나무를 보는 기법으로, 한 원인이 근본적인 원인이 아니고 다른 원인과 연결되어 있으면 그 다른 원인도 또 다른 결과로 이어진다는 개념이다.

메타인지를 하는 능력이 있어야 문제를 제대로 읽고 솔루션도 맞게 찾을 수 있다. 우리는 팬데믹의 문제에 정답을 잘못 쓰는지 메타인지를 해봐야 한다. 소크라테스의 '너 자신을 알라'는 말은 곧 앎의 시작을 의미한다. 앎은 내가 모른다는 것을 아는 데서 시작된다. '그동안 내가 몰랐구나', '안다고 착각하고 있었구나' 하는 생각이 든다면 그것이 앎의 시작이다. 프랜시스 베이컨(Francis Bacon)이 『신기관』에서 인간이 네 가지 우상에 사로잡혀 있다고 강조한 것은 인습에 의해 굳어진 인식 태도를 일깨우기 위한 것이었다.

아래는 2020년 초에 한 설문조사에서 의사들을 상대로 코로나 종식시기를 예측한 설문조사이다. 약 30%는 아예 팬데믹이 종식되지 않을 것이라고 보았다. 나 또한 우리가 그동안 살던 삶의 가치관을 버리지 않으면 팬데믹은 지나가지 않을 것이라 예측한다. 지구환경도, 동물도 신음하고, 인간이 인간을 착취하는 우리의 탐욕도 팬데믹을 통해서 우리에게 계속 메시지를 보내는데 우리는 못 듣고 있다. 우리는 빵만으로는 살 수 없으며, 내가 먹을 빵을 가지면 나머지는 나누고 남도 빵을 가질 수 있게 도와야 한다는 신념이 이 책을 쓰게 된 이유이기도 하다.

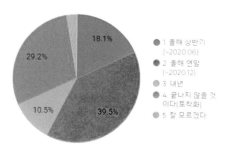

2019년 4월에 의료전문지 「메디케이트」에서 조사한 코로나 종식 예상시기이다. 약 30%는 토착화될 것으로 예상했다.

필자는 영어단어 Boost에 주목했다. 남들이 도약할 수 있도록 돕는 것을 말한다. 부스터(Booster)는 내가 이 세상에서 성공한 대로 남들 역시 그렇게 되도록 도와주는 사람이다. 여기서 말하는 '성공'이란 물질적인 성공을 얘기하는 것이 아니다. 생계를 유지할 정도의 부와 나의 자아실현을 할 수 있는 기반, 또 내가 남을 도울 수 있는 탤런트, 시간적, 물질적 여유(3T: Treasure, Time, Talent)를 말한다. 이상적인 얘기이지만 그렇다고 불가능한 얘기도 아니다. 세상은 100% 선과 악의 이분법으로 돌아가지 않는다. 사람도 100% 악인과 의인이 있는 것도 아니다. 나 자신도 환경에 따라서 나쁜 사람이 될 수도 있고 못된 사람이 될 수도 있다. 선한 사람들(선하게 살려고 노력하는 사람들)이 51%라면 희망적인 사회가 될 것이다.

부스트해야 할 3가지 영역

한국 드라마 중에 「비밀의 숲 1·2」를 팬데믹 때 재밌게 시청했다. 거기서 나오는 주인공들은 범인이건 검사건 선악의 경계가 모호하다. 우리도 순간적으로 악인이 될 수도 있고 선한 사람이 될 수도 있다. 그러나 51%라도 선한 일을 하려고 살면 선한 사람이다. 사회도 그렇다. 그러니 오늘 작은 계획과 작은 실천이라도 해 보아야 하지 않은가. 많은 경제학자들, 사상가, 철학가들이 좋은 이상사회에 대한 이론과 주장들을 하지만 중요한 것은 실천이다. 이론가도 중요하고 실천가도 중요하다. 그래서 필자는 평소 관심 분야인 4차 산업, 경영, 인문학 등의 독서와 글쓰기를 통해서 세상 사람들에게 이상적인 삶도 제시하지만 나 또한 그런 삶을 살도록 노력하고 있다.

한 사회가 문제를 인지하는 데 실패하는 가장 흔한 상황은, 위기 상황이 느린 형태로 진행되는 데다 기복이 크지 않아서 쉽게 알아차리기 힘들 때이다. 현재 여기에 가장 잘 들어맞는 경우가 바로 온난화 현상이다. 개구리가 물이 끓기 전까지는 따뜻하게 즐길 수 있지만 어느 순간에 물이 끓는 임계점이 오면 그때는 이미 늦는 것과 같다. 이렇게 인류는 서서히 붕괴될 것이다. 환경파괴와 기후변화, 이웃 나라와의 적대적 관계, 국제적 협력 감소, 사회문제에 대한 구성원의 위기대처능력 저하 등으로 문명이 서서히 붕괴되고 있다. 팬데믹을 통해서 절벽으로 떨어질 자전거에 브레이크를 밟아야 할 때이다. 그것이 앞으로 우리가 추구해야 할 '부스터' 인간형이다.

02.
팬데믹의 손익결산

벌써 팬데믹이 온 지 일 년이 넘었다. 이 기간 동안 우리의 삶은 바뀌었고 새로운 노멀로 들어가고 있다. 이 시간을 힘들고 어렵게 보내는 사람들도 있고, 이 시간을 생산적으로 보내는 사람들도 있다. 다가올 4차 산업 시대를 준비하며 자기계발과 비즈니스 전환을 준비하기도 한다. 아이작 뉴턴(Isaac Newton)은 흑사병이 창궐했을 때 캠브리지 대학을 휴학하고 고향으로 피신하여 만류인력의 법칙을 발견하였고, 1687년 『자연철학의 수학적 원리(Principia Mathematica)』를 발간하여 인류 과학의 기초를 만들었다. 준비된 사람들에게 팬데믹은 창의적인 시간이 되기에 아주 좋은 시간이 되기도 한다.

하지만 팬데믹 동안 우울증 환자 및 자살자의 수는 전 세계적으로 늘어나고 있다. 이은주 정의당 의원이 발표한 자료엔 코로나 이후에 20, 30대 자해건수가 증가함을 보인다. 시카고대학교의 한 연구팀에서는 혼자라고 느끼는 사람(미국인의 40%)이 그렇지 않은 사람보다 더 빨리 죽는다는 연구 결과를 발표했다. 에밀 뒤르켐은 1897년에 출간된 자신의 책 『자살론』에서 자살이 개인의 외부에 존재하는 '사회적 힘'에 영향을 받는다고 하면서 4가지 자살의 종류에 대해서 이야기한다. 그 중 이기적 자살은 사회적 통합정도가 낮고 공동체에 소속되어 있지 않을 때 일어나는 경우이다. 또한 아노미적 자살은 사회적 규범의 부족과 사회가 아노미 상태에 이를 때 나오는 현상이다. 요즘 코로나 이후의 미국 내 정세, 국제적 정치질서의 혼란, 경기양극화 등은 병든 사회를 나타내는 병리현상이다.

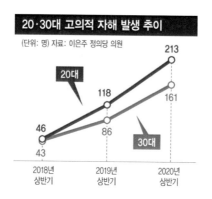

하지만 이러한 제한된 여건에서도 성장하는 사람들은 있다. 자기를 성찰하면서 삶을 돌아보고 이 기간 동안 준비하며 새롭게 도약하는 기회로 삼은 사람도 있다. 분주한 삶을 잠깐 멈추고, 왜 사는지 삶의 본질을 돌아보며 자신의 진로와 사업의 방향을 모색하는 분들도 있을 것이다. 팬데믹이 지나가기만을 마냥 기다리면 안된다. 뭔가 대안을 고민하고 움직여야 한다. IMF 때도 성공한 사람들이 있었다. 지금 코로나 기간에도 성공하는 사람들이 있다.

위기의 파도가 칠 때 파도를 타는 서퍼가 되지 않으면 우리는 쓰나미처럼 휩쓸려간다. 시대를 탓하고 남을 탓하면 안 된다. 사고의 전환이 필요한 때이다.

경제는 K자 회복이지만, 유형자산 외에 정신적 무형자산도 개인에 따라 양극화될 수 있다. 이 기간 동안 자기계발을 통해서 정신적, 지적으로 성장하는 사람이 있고, 개인의 단절과 무기력, 우울증으로 더욱 고립되어 후퇴하는 사람들이 있다. 혼자서는 힘이 든다. 그래서 서로를 잇는 부스터가 필요할 때이다. 서로에게 같이 성장할 수 있는 동반자가 되어줄 필요가 있다.

다음은 일 년의 팬데믹 기간 동안 나의 결산표이다. 여러분은 어떠한가? 그냥 막연하게 코로나가 지나가기를 기다렸나? 항목별로 내가 잘한 것들과 못한 것들을 분리해서 앞으로 코로나가 끝날 때까지 시간을 어떻게 쓰느냐가 중요하다. 여러분들도 삶의 여러 항목별로 나누어서 평가를 해 보기 바란다. 남은 팬데믹을 어떻게 보내느냐가 팬데믹 후의 인생을 결정할 것이다.

항목	평가	등급 (A~C)
사업	오프라인에서 전시회 등의 마케팅 기회 상실했으나 비대면 컨설팅 전략과 식품업계 호황으로 매출은 20% 증가(긍정적), 디지털 트랜스포메이션을 도입한 비즈니스 모델로 전환 준비(긍정적), 한국 출장 못 감, 식품전시회 취소(부정적)	A-
개인출판	코로나 기간 동안 3권 출판(본서 포함) 미국 내 한인 문학 공모전 응모(단편소설부문 1회, 시부문 1회) 시나리오 또는 시놉시스들 쓸 계획	A+
시간활용	비대면으로 인해 미팅시간 감소, 재택근무로 부캐 활동 가능(출판, 강연 등)	A+
사회봉사 활동	홈리스 봉사활동(줌으로 Job Mentoring Program을 진행하고 비대면으로 홈리스분들 구직 위한 멘토링 지속), 주변에 홈리스나 장애인 비영리단체 발굴 및 후원 계속(긍정적), 대면 봉사활동은 못 함(부정적)	A-
가족	아이들과 더 많은 시간 가짐(현재 고등학생 2명), 아내와 시간 나는 대로 골프 운동 및 안 보던 드라마들 같이 시청하는 등 취미활동 같이함(긍정적), 부모님과 동생 가족들 일 년 동안 가족모임을 못 함(부정적)	B
환경적 책임	배달음식을 많이 주문하여 쓰레기가 더 증가, 현재 죄책감만 가지고 있으나 친환경적인 사업모델을 진행하고 출석하는 교회에서 환경캠페인 추진 예정	C
자기계발	팬데믹 전보다 독서를 더 함	A
여행	평소 여행을 좋아하나 여행을 못 감	C
인간관계 (친구 등)	보고 싶은 사람들 자주 못 봄(부정적), 의무적으로 만나는 사람은 안 봐도 됨(긍정적), 대신 온라인에서 전 세계 북클럽 등으로 새로운 사람을 만날 기회 생김	B

일 년의 팬데믹 기간 동안 나의 결산표

03.
유토피아 vs 디스토피아

최근 열린 2021년도 다보스 포럼에서는 향후 인류를 위기에 빠뜨릴 10가지 요소를 다음과 같이 발표하였다. △감염병 위기 △소득·생계 위기 △기후 급변과 대응행동 실패 △사이버보안 실패 △디지털 불평등 △경제침체 지속 △테러 공격 △청년들의 환멸감 팽배 △사회 응집력 침식 △인간활동에 따른 환경 훼손이었다. 이미 우리의 일상을 침투한 요소들이 앞으로도 지속될 것이라 생각하니 가슴이 답답하다. 미래를 예측하는 미래학자들은 앞으로의 세상이 유토피아라고 보는 사람들보다 디스토피아로 보는 학자들이 많다.

유토피아(utopia)는 영국의 사상가 토머스 모어가 1516년에 만들어낸 말로 그의 저서 『유토피아』에서 유래되었다. 유토피아라는 섬에는 10만 명의 사람들이 살고 하루 6시간만 노동한다. 나머지 시간은 문화센터에 가서 취미생활을 한다. 지금 현재 일자리 감소로 인한 노동시간 단축 여론과 인간의 궁극적인 자아실현의 이상을 약 500년 전부터 꿈꾸고 있었던 것이다.

디스토피아란 유토피아와 반대되는 개념인 '반(反)이상향'을 말한다. 지구상의 예측할 수 없는 가장 어두운, 특히 극단적으로 어려운 상황을 의미한다. 인공지능의 발달, 기후환경의 파괴, 경제 양극화, 국가 간 충돌 등으로 우리의 미래를 어둡게 보는 디스토피아는 우리를 우울하게 한다. 우리는 보통 당장 살아가는 게 바쁘고, 미래에 대한 걱정은 누군가 나보다 더 똑똑한 사람들이나 정부가 책임질 일이라 생각하며 무관심하게 사는 경우가 많다. 우리의 미래가 장밋빛일지, 어두울지는 지금 우리가 어떻게 생각하고 행동하느냐에 달렸다.

제러드 다이아몬드 교수는 저서 『문명의 붕괴』에서 '한 사회가 문제 예측에 실패하는 또 다른 이유는 잘못된 유추를 했기 때문이다. 낯선 상황에 놓이게 되면 우린 이전의 익숙한 상황으로부터 유사점을 도출해내려고 애쓴다'고 말했다. 과거의 사건이 선형적이라고 가정하고 앞으로 일어날 일도 반복될 것이라는 생각이다. 과거 팬데믹의 소멸로 주기를 파악한다거나, 과거의 금융위기 등으로 앞으로의 위기를 예측하기도 하지만 실제로는 우리의 예측을 빗나갈 때가 많다. 사상초유의 사태라고 하는 일은 계속 일어난다.

또 제러드 다이아몬드 교수는 여러 문명이 흥망성쇠를 거듭하는데 일정한 규칙이 있다는 것을 방대한 역사적, 인류학적 자료를 인용하면서 보여주고 있다. 그에 따르면 어떤 사회가 붕괴하는 것을 파악하기 위해서는 크게 다섯 가지 요인을 고려해야 한다. 첫째, 사회의 구성원에 의한 무모한 환경 파괴가 있는지, 둘째, 인간의 행위와 무관하게 진행된 자연의 변덕이라고 할 수 있는 기후 변화가 있는지, 셋째, 적대적인 이웃의 침략이 있는지, 넷째, 우호적인 이웃의 지원이 중단되거나 줄어들었는지, 다섯째, 한 사회에 닥친 문제에 대한 구성원들의 반응이 어떤지이다. 다이아몬드는 이 다섯 가지 요인을 중심으로 다양한 문명의 붕괴 사례를 살펴보았는데, 그의 설명을 요약하면 문화와 생태의 공진화(共進化)에 실패할 경우 문명이 붕괴한다는 것이다. 즉, 문화가 생태적 조건의 변화에 적절히 적응하고, 다시 적응된 문화를 통해 유리한 생태적 조건이 유지됨으로써 문화와 생태가 함께 진화해갈 때 문명은 살아남고, 그렇지 못한 경우에는 붕괴한다는 것이다.

환경위기와 AI의 등장으로 인간이 자리를 뺏기면서, 미래가 장밋빛으로 보이지만은 않는다. 팬데믹으로 인해 일자리를 잃은 사람들이 다시 일자리를 찾기까지는 시간이 걸리며, 이미 많은 분야의 일자리들이 로봇과 인공지능으로 대체되고 있다. 이미 시작되었던 4차 산업이 팬데믹으로 인해서 가속화된 것이다. 대면에서 비대면으로, 콘택트에서 언택트로의 전환은 많은 산업분야를 디지털 트랜스포메이션으로 전환시켰다. 코로나가 다 끝나고 나서도 상당 부분은 다시 돌아오지 않을 것이다.

인공지능이 인간의 지능을 넘어서 초인공지능이 나오는 시점을 2045년 정도로 보고 있고 이 시점을 특이점(Singularity)이라고 한다. 구글 엔지니어 디렉터 레이 커즈와일은 『특이점이 온다』에서 2045년을 기점으로 우리는 그 뒤를 예측할 수 없을 정도로 세상이 바뀔 것이라고 했다. 스티븐 호킹도 그가 죽기 전에 인공지능이 인간을 지배할지도 모른다고 경고했었다. 최근에 한 뉴스에서는 인공지능을 통제하는 알고리즘이 작동하지 않을 수도 있다고 발표했다. SF영화에서 보던 우려가 현실로 벌어지는 것이다. 세계적인 미래학자인 옥스포드대 닉 보스트롬 교수도 AI를 통제하지 않으면 디스토피아를 피할 수 없다고 경고해왔다.

미래학자 한스 모라벡은 2050년 이후에는 로봇이 사람 대신 지구의 지배자가 될 것이라고 예측한다. 그의 저서 『마음의 아이들』에서는 인류의 정신적인 자산인 지식, 문화, 가치관 등을 모두 물려받아 다음 세대로 넘겨줄 '마음의 아이들'이라는 로봇이 지구의 주인이 될 것으로 예측한다. SF소설 작가 아이작 아시모프가 1942년에 제시한 세 가지 원칙이 있다. 첫 번째, '로봇은 인간을 해쳐서도, 인간이 위험에 빠지도록 무기력하게 방치해서도 안 된다', 두 번째, '로봇은 인간의 명령에 복종해야 하지만 그 명령이 첫 번째 원칙에 위배될 경우에는 예외로 한다', 세 번째, '첫 번째 원칙과 두 번째 원칙에 위배되지 않을 경우 로봇은 자기 자신을 보호해야 한다'이다. 이런 원칙하에 AI가 개발되겠지만, 독일 막스플랑크협회의 인간 & 기계 센터(CHM) 이야드 라흐완 센터장도 이론적인 컴퓨터 과학 기본 법칙에 기반하여 생각하면 AI가 세상을 파괴하지 못하도록 명령하는 봉쇄 알고리즘이 의도치 않게 자체 작동을 중단할 수 있다고 밝혔다. 그 얘기는 AI가 인간을 지배할 수도 있다는 얘기이다.

환경위기 역시 큰 문제이다. 이 징도의 기온 상승이라면 2040년 이후에는 기후위기로 인한 재앙을 걷잡을 수 없을 것이라 예측한다. 현재 온도상승폭을 1.5도 이내로 유지하지 않으면 상당수의 나라들이 해수면 상승으로 피해를 볼 것이고, 자연재해가 더 많이 발생할 것으로 예측한다. 또한 코로나와 같은 팬데믹도 주기적으로 찾아올 것이다. 최근에 코로나 백신을 개발한 모더나의 CEO 스테판 방셀은 코로나바이러스 또한 토종화되어 평생 같이 살 수도 있다고 인터뷰를 했다.

미래의 위험요소들인 일자리 감소, 경제 양극화, 정치 양극화, 환경파괴, 팬데믹, 혐오사회 등은 미래를 암울하게 만든다. 정치적인 이해관계로 인해 위험요소들에 대한 심각성을 인지하지 못하는 경우도 생기고 있다. 특히 트럼프 재임기간 중에 전 세계가 이해충돌과 자국중심의 사회로 전환되면서 나라들도 각자도생의 국제질서 속에서 충돌하는 양상을 보였다.

어쩌면 우리는 브레이크가 고장난 자전거로 내리막길을 달리고 있는지도 모른다. 우리는 어쩌면 우리 스스로가 못 고치는 병을 달고 암 선고를 받은 것인지도 모른다. 단지 시간의 문제일까? 개구리가 물이 뜨거워지는 것도 모르고 처음에는 따뜻하게 냄비 속에 있다가 어느새 물이 끓는 시점이 되면 이미 늦은 것이다. 인간은 지금이 과거와 비교해 많이 바뀌었다고 생각하지만 미래가 지금과 비교해 얼마나 바뀔지는 깊이 생각하지 않는다.

우리는 지금 사는 방식대로 변하지 않고 영원히 살 수 있을 것으로 생각하는 경향이 있다는 얘기다. 과거와 현재는 경험에 비추어 비교할 수 있지만 미래는 미지의 영역인 탓이기도 하다. 이런 경향을 '엔드 오브 히스토리 일루전(End of history illusion)'이라고 부른다. 조르디 쿠아드바흐, 대니얼 길버트가 2013년에 발표한 논문에 따르면 사람들은 성격, 가치관, 선호도의 미래 변화를 과소평가하는 것으로 나타났다. 예를 들면 보통의 20세인 사람이 예상하는 '앞으로 10년 동안 일어날 변화'보다 보통의 30세인 사람이 느끼는 '지난 10년 동안 자신에게 일어난 변화'가 훨씬 많다고 생각하는 경향이다.

열역학 제2법칙을 엔트로피 법칙이라고 한다. 내가 화공과에서 가장 많이 들었던 이론 중 하나이다. 이제는 이것이 과학, 공학에서만이 아니라 철학, 신학 등에서도 인용되는 것을 본다. 다시 한 번 엔트로피 법칙의 관점에서 보니 세상이 또 다르게 보인다. 열역학 제2법칙에서는 에너지가 전환될 때마다 쓸모없는 에너지 손실이 생기게 된다. 예를 들어서 내가 나무 목재로 조각상을 만드는 작업을 한다면, 조각상을 만들고 남은 나무 쪼가리들은 결국 처음 상태보다 더 많은 '무질서'를 만들어내는 것이다. 예전에 많은 과학책에서 왜 무한 영구에너지로 운행되는 기계가 없을까에 대해 설명하는 것을 보았다. 결국 인간이 하는 모든 생산활동에서 나오는 쓸모없는 에너지의 소비, 즉 무질서도의 증가는 엔트로피의 증가를 말한다.

결국 우리가 살고 있는 세계는 엔트로피가 증가하는 방향성이

정해져 있으며, 이것을 기독교 신학적인 관점에서 종말론이라고 한다. 불교나 동양철학에선 이것을 순환되는 시스템으로 보지만, 열역학 제2법칙의 관점으로 보면 서구 종교의 직선적 종말이 부합된다. 결국 인간의 모든 인위적인 활동을 의식적으로 감소하는 방향으로 통제하지 않으면 우리는 머지않아 지구 종말의 위기를 맞을 수 있다. 가장 눈에 보이는 것이 기후위기로 인한 인류의 생존 위협이다. 우리가 저지르는 환경파괴는 엔트로피 증가의 법칙으로 종말점을 맞을 시기가 오는 것이고 그것이 환경종말론이다.

그래서 우리는 미래에 대해서 관심을 가지고 어떻게 앞으로의 변화에서 나, 사회, 그리고 지구와의 상호작용을 통해 지속가능한 삶을 유지할지 고민해야 한다. 『우리는 어떤 미래를 원하는가』의 저자 박성원은 다음과 같이 말한다. '마지막 시간에 미래연구의 목적은 앞으로 현실화될 미래를 알아맞히려는 것이 아니다. 그건 앞서 누차 언급했듯 불가능하다. 우리는 미래를 정확하게 예측할 수 없다. 미래연구의 목적은 미래의 여러 문제에 대해 시민들이 관심을 갖고 토론하도록 자료를 제공하고 사회적 분위기를 조성하는 데 있다. 미래연구는 이런 논의를 통해 현재의 불합리를 바꾸는 활동이다.' 요즘 미래학에 관심이 많지만 주로 주식투자, 부동산투자, 나의 재산증식 등의 목적으로 쓰이는 경우가 많아 안타깝다. 미래는 우리 모두를 위한 것이다. 나의 사익 추구만을 위하기보다는 너와 나, 인류 공존을 위해서 고민할 학문이 미래학이다.

이마미치 도모노부 교수는 저서 『에코에티카』에서 인간은 과학을 통해서 시간과 노력을 줄였지만 인간다움을 잃어버렸다고 한다. 효율적으로 살게 되었지만 정작 왜 사는지는 모르고, 허전해서 더 열심히 달려야 하는 시대를 살고 있다고 한다. 우리는 다시 불편함을 감수하고 시간과 노력을 되찾아야 한다. 결국 남는 시간에 무엇을 할 것인가? 남는 시간에 또 돈을 벌고 지구를 파괴하고 남을 착취하는 것이 아니라 그 시간에 자아를 찾고, 문화, 예술, 창작활동을 하고 남을 돕고 의미를 찾아야 하는 것이다.

우리는 이제 새로운 패러다임으로 살아야 하는 것이다. 그렇지 않으면 공멸이다. 『제5의 기원』의 저자 로버트 켈리는 과거 600만 년 동안 인간이 네 번의 임계점을 거쳐서 다섯 번째의 기원에 이르렀다고 주장한다. 기술의 기원, 문화의 기원, 농경의 기원, 국가의 기원을 통해서 인간 존재의 성격이 변했고 이제는 다섯 번째의 임계점이다. 기술의 발전, 기후위기, 인구증가, 세계화, 자본주의가 어울려 새로운 기원을 만들 것이라고 한다. 팬데믹을 통해서 인간 행동 양식에 이미 큰 트라우마를 남겼다. 이것이 제5의 기원의 서막일까.

04.
가짜뉴스와 극단주의, 음모론

　요즘 가짜뉴스가 사회적 문제를 낳고 있다. 출처는 모르지만 유튜브나 카카오톡을 통해서 무섭게 퍼지고 있고 심지어 음모론과도 연결되어 괴물이 되어가고 있다. 최근 미국의 국회의사당 점거 사건을 보면 큐아논 음모론자들부터 가까이는 우리 자신들도 출처 없는 가짜뉴스를 유통하고 재생산하는 주범이 되고 있다. 미국이 선진국인 줄 알았는데 최근 들어 코로나에 음모론자들까지 나라의 이미지에 손상을 입었다. 악화가 양화를 쫓아낸다는 '그레셤의 법칙(Gresham's law)'을 예전에 많이 들었지만 최근에 더욱 실감한다. 착한 사람들, 좋은 사람들이 대부분이지만 꼭 '악화'가 드러나고 전체인 것처럼 보여서 우울해진다.

　개인은 다양하고 거대한 사회적 우주들과 관련해 무력감을 경험하며, 때로 삶에 대한 통제력을 어쩔 수 없이 시장에 양도하게 된다. 지구화된 다양한 요소들이 출현한다는 것은 특정 장소에 위치한 개인이 사회적 변수에 대한 통제력을 가지지 못한다는 뜻이다. 이로써 음모론자들이 그 자리를 대체하며 자기만의 해석으로 단순화해서 광신도 집단을 만들게 된다. 영국의 사회학자인 앤소니 기든스는 '개인의 무의미화'라는 위험이 현대에 매우 중대되고 있음을 염려한다. 이는 '나는 이 세상에 아무 영향을 줄 수 없는 미미한 존재이고 세상은 결국 내가 알 수 없고 통제할 수 없다'는 생각이다. 음모론과 결합하여 퍼즐을 맞추고, 그것을 통해 세상을 이해하고, 같은 음모론자들끼리 모여서 영향력을 행사하는 집단을 만드는 것이다.

인포데믹스(Infodemics)라는 요즘 유행어가 답해주고 있는지도 모른다. 오죽하면 information을 전염병(epidemics)과 섞어서 인포데믹스라는 단어를 만들었을까. 예전에 인쇄기술이 나온 중세에도 가짜뉴스가 있었다고 한다. 종교개혁가 마틴 루터의 핵심 메시지는 '교회의 원칙을 결정하는 유일한 권위는 오직 성경(Sola Scriptura)뿐이며 믿음으로만 구원받을 수 있다'는 것이었다. 이는 당시 교황청의 면죄부를 비판하면서 종교권력에 저항하는 계기가 되었다.

그러나 1525년 독일 중남부를 휩쓸었던 농민전쟁 참여자들은 루터의 종교개혁 논리를 근거로 '성경은 우리가 자유인이라는 것을 증명한다'고 주장했다. 루터는 오히려 성경을 자의적으로 해석한 농부들을 맹렬히 비난했다. 성경 그 자체에 대한 믿음만이 구원의 길이라는 점에서 기독교를 믿는 한 모두가 성직자나 다름없다고 말한 것일 뿐, 농민 해방을 정당화한 적은 없다는 것이다. 30만 명이 참여한 농민전쟁은 1년 만에 10만여 명의 학살로 진압되면서 비극적인 막을 내렸다고 전해진다.

가짜뉴스의 주요 공급원인 SNS의 좋은 점도 있다. 개인이 여론에 참여할 수 있다는 것이다. 최근에 일어난 후진국들의 민주화 바람도 SNS 바람을 타고 들불처럼 일어났다. 그리고 정치에 자신의 소견을 밝혀서 정치참여 의식도 높아지는 것 같다. 하지만 단점이 더 많이 생기는 것이 현실이다. 가짜뉴스, 극단주의, 혐오주의, 음모론 확산 등은 암처럼 사회를 멍들게 하고 있다. 특히 트럼프의 트위터는 이런 가짜뉴스의 대표적인 사례이다. 유권자들의 표를 얻기 위해 검증되지 않은 사실을 유포하고, 여기에 자기의 이해가 맞으면 바로 가짜뉴스를 유포한다. 트럼프의 트위터 계정이 정지당한 후에 일주일간 소셜미디어에서 '사기 선거'에 대한 대화가 이뤄진 횟수를 조사했더니 선거에 대한 허위 정보를 나눈 대화가 250만 건에서 68만 8,000건으로 약 73% 급감했다고 한다.

SNS의 알고리즘에 의해서 '확증편향' 현상(알고리즘이 한쪽으로 편향된 정보만 제공하여 한쪽으로 치우친 시각이 강화되는 현상)과 '필터링 버블' 현상(SNS가 반대편의 의견은 걸러내고 내가 좋아하는 쪽으로만 정보를 제공하여 거품이 생기는 현상)이 심화되면서 걷잡을 수 없는 사회적 문제를 야기한다. 일단 필터링 버블이 작동하면, 사람들은 자신의 지지자만을 끊임없이 만나게 된다. 내 의견에 대한 객관적 평가와 비판을 받을 수 있는 가능성 자체가 줄어드는 것이다.

여기에 코로나19로 인해, 이런 자기중심적 사고가 강화되는 물리적 상황 요인도 존재한다. 집에서 혼자 밥 먹고, 영화 보고, 강의 듣고, 유튜브 보며 지내는 시간이 이전에 비해 훨씬 늘어났기 때문에 자신의 생각과 판단을 검증받고 평가받을 만한 상황이 희소해진 것이다. 이제 나와 이해관계가 없는 사람들 중 내 생각과 조금이라도 다른 사람은 '언팔로우'하거나, '로그아웃'하거나, '전화번호'를 삭제하면 되는 것이다. 공동체를 향한 욕구가 채워지지 않으면, 사람들은 때로 광신적 집단의 구성원이 되어 실제 마음으로는 동의하지 않는 의견을 따르기도 한다. 인간은 고립되면 어떻게든 공동체에 속하기 위해 취향, 상식, 연민의 경계를 넘는 것을 주저하지 않는다. 파시즘은 자신들의 목적을 위해 바로 이 점을 악용하는 것이다.

피할 수 없는 대면 만남에서 나와 다른 의견을 꾹 참고 듣고 있어야 할 상황은 지금의 비대면 세상에서는 내가 선택하지 않으면 그만이다. 내 생각에 동의하거나 취향이 비슷한 친구들은 언제나, 어디에서나 찾을 수 있으며, 심지어 손쉽게 '자동 추천'된다. '나를 중심으로 돌아가는 세상'에 대한 인식은 의사 결정에 대한 '과도한 자신감'을 낳는다. 그런데 이런 과도한 자신감은 상황 판단을 객관적으로 해야 하는 장면에서는 치명적일 수 있다.

심리학자 대니얼 카너먼은 '당신에게 보이는 것이 세상의 전부'라는 법칙을 말하는데 사람들이 자신들에게 유용한 증거에만 기초해 판단하는 경향이 있다는 것이다. 객관적 정보를 균형 있게 해석하기 위해서는 '자신이 속해 있는 세상'에서 빠져나와야 한다. 그래서 전체 숲을 보면서 내가 모르는 것이 있을 수 있으니 섣부른 판단을 유보하고 공부를 더 해야겠다고 자각하는 '메타인지' 능력이 필요하다.

『넛지』의 저자인 하버드대 케스 선스타인 교수는 저서 『우리는 왜 극단에 끌리는가』에서 개인이 비슷한 생각을 가진 어떤 집단에 소속되면 더욱 극단적으로 변하게 된다고 한다. 이를 '집단극단화 현상'이라고 한다. 집단 내에서의 다양성이 줄면서 동질성이 강화되기 때문이다. 철학자 프리드리히 니체도 '개인에게는 드문 광기가 집단에는 항상 존재한다'고 하였다. 이는 미래로 갈수록 파시즘과 나치즘을 능가하는 극단적인 문화사조와 정신운동이 더 많이 나타날 수 있음을 암시한다.

자신이 속해 있는 세상에서 빠져나오지 않는 한, 필터링 버블은 자연스럽게 개인의 신념을 강화한다. 비슷한 신념을 가진 사람들로 구성된 집단이 모여서 소통이 쌓이면 기존의 신념은 극단화된다. 사회심리학자 김태형 소장은 이런 집단 극단화 현상의 심리적 기제는 집단의 구성원들이 서로 편향적인 정보를 주고받는 행위의 과정에서 서로에게 긍정적인 피드백을 줌으로써 '기존의 성향'을 더욱 강하게 만들어주는 반향실 효과(Echo Chamber Effect)를 유발하기 때문이라고 설명한다.

필터링 버블의 알고리즘은 기본적으로 그 개인의 과거 데이터를 기반으로 미래를 제안하는 것이다. 한 개인이 미래에 원하는 취향을 예상해서 추천해주지만, 기본적으로 필터가 분석하는 데이터는 그 사람이 이미 과거에 만들어왔거나 남겨두었던 디지털상의 데이터다. 따라서 어떤 사람이 과거의 선택과는 다른 새로운 무엇인가를 선택하고 싶거나, 또는 과거에는 존재하지 않았던 새로운 현상에 대한 판단을 할 때, 이 과거의 데이터에 기반한 추천 알고리즘은 '보수화'된다. 현재의 판단도 '과거의 생각과 태도'의 연장선에서 작용하는 것이다. 여기에 코로나19는 혼자 머물게 되는 상황을 가속화함으로써 소통의 고립을 더욱 극대화한다.

요즘은 컴퓨터 그래픽 기술의 발달로 얼굴을 합성하여 가짜 동영상을 만들면 이게 실제인지 아닌지 구분이 되지 않는다. 미국 하원의장 낸시 펠로시가 술에 취한 것처럼 불분명한 발음으로 이야기하는 동영상도 있고, 김정은 위원장이 돌연사하여 북한 주민들이 우는 뉴스를 만든 것, 2016년 대선 때 힐러리가 소아성애자로 소문나서 시카고의 피자가게 지하에서 아동들을 가두고 성착취한다는 음모론에 미국 청년이 총을 들고 침입했던 사건 등 다양하다. 이를 딥페이크(deepfake)라고 한다. 딥페이크란 단어는 '딥러닝(deep learning)'이라는 단어와 가짜를 의미하는 '페이크(fake)'가 합쳐져 만들어진 단어로, 인공지능(AI)을 사용해 가짜 영상을 만들어내는 기술을 의미한다.

프랑스 철학자 장 보드리아르의 '시뮬라시옹' 이론처럼 오늘날엔 소위 말하는 짝퉁, 즉 가짜가 진짜보다 인기가 있다. 진짜와 가짜가 구분되지 않고 가짜가 더 인정받는 사회이다. 오늘날에는 진짜보다 짝퉁, 가짜뉴스가 더욱 인기를 얻는다. 지금 우리의 모습이다. 전에는 주로 나이 드신 어르신들이 그렇게 팩트체크를 하지 않고 가짜뉴스를 유통했지만 이제는 젊은 사람들 중에도 그런 사람들이 많아지고 있는 것 같다. 진실은 필요 없고 내가 원하는 취향의 가짜뉴스를 믿어버리면 나에게는 진짜가 된다. 가짜뉴스 유포자들도 이를 통해서 수많은 구독자를 확보하므로 누이 좋고 매부 좋은 구조이다. SNS의 발달로 가짜뉴스는 곧 돈을 버는 기계가 된다. 조회수가 많아지고 구독자수가 많아져야 하므로 자극적인 썸네일을 만들어서 사람들을 유혹한다.

「Idiocracy」라는 SF영화에서 미래 인류의 지능이 떨어지고 IQ가 80이 된다고 묘사하는데 그게 맞을지도 모른다. 컴퓨터가 모든 일을 해주고 인간들은 그저 먹고 마시고 TV나 보고, 일부 극소수를 제외하고는 머리를 쓸 일이 없게 되는 것이다. 점점 비판적 사고를 하는 지성이 없어지고 자극적이고 말초적인 가짜뉴스에 현혹되어 거대한 세력들이 결집된다. 미국 작가 레이 브래드버리의 SF소설 『화씨 451』은 미래에 책이 금지된 사회를 묘사하면서 인류가 점점 지성을 잃어가는 것을 예견했다. 이미 독서 인구도 줄어들고 있고, 긴 문장들을 읽고 곱씹어 사고하고 자신의 사고를 확장하고 비판적 성찰을 하는 모습들이 점점 사라지고 있다.

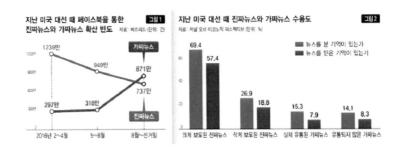

이러한 가짜뉴스, '딥페이크'에 대한 대안으로 미국 스탠퍼드대 인간중심인공지능센터(HAI)에서 발간한 보고서에서 댄 보네 스탠퍼드대 컴퓨터공학과 교수(암호학)는 △확실한 징벌, △제작기록 블록체인에 저장, △악용될 제작도구 전파 막기, △플랫폼에 감시 의무 강화 등의 대안을 제시하였다. 앞으로 SNS에서 가짜뉴스를 전파하는 사람들은 법적 책임을 물을 수 있도록 해야 한다. 우리들도 팩트체크가 되지 않는 이상 가짜뉴스를 퍼트리면 안 된다. 무심코 던진 돌에 죽어나는 개구리가 너무 많다. 심지어 사람들을 자살에 이르게 하고 국가를 전복시키고 수많은 나치 추종자들을 만들어낸다. MIT Lab 소속의 이야드 라완은 가짜뉴스의 대안으로 '루프 안의 사회'를 제시하는데, 시민의 보편적 동의가 알고리즘에 반영되는 단계를 추가하자고 한 것이다. 시민의 보편적 동의는 사회윤리기준으로 구체화할 수 있으며, 이 윤리기준은 정부가 시민사회와의 긴밀한 협의과정을 통해 정립할 필요가 있다고 한다.

앞으로도 사회문제와 갈등을 해소하기 위한 AI의 활용도가 점차 증가할 것으로 보인다. SNS를 통해 확산하는 가짜뉴스, 범죄 공모를 AI가 적발하고 정보 차단 등 적절한 조치를 취하는 연구가 진행되고 있다. AI가 초래하는 사회 불평등을 해결하기 위한 연구도 논의되고 있는데, 판매자가 AI를 활용하여 잠재 소비자의 주거지역, 검색기록, 소비구조 등을 파악하고 저소득 소비자에게 품질이 열악한 제품을 추천하거나 비싼 가격을 제시한다는 다수의 연구 결과가 발표됐기 때문이다.

이처럼 인공지능의 공정성에 대한 사회적 논의는 확대될 것으로 보인다. 데이터 편향성, 알고리즘 중립성 및 AI 기술에 대한 규제 필요성을 촉구하는 사회적 논쟁으로 이어질 것으로 보인다. 특히 기계 학습 연구에 활용하는 데이터가 정치, 사회, 문화, 법 제도 등과 연관성이 높을 경우 데이터 편향성에 대한 철저한 경계가 필요하다. 이를 위해서는 AI 기술 전문가와 데이터 과학자뿐 아니라 사회학자, 인류학자, 철학자 등 인문·사회 연구자들이 협업을 통해 학습 데이터의 사회적, 문화적 맥락에 따른 오류 가능성을 사전에 긴밀히 확인하는 것이 필요하다.

우리가 제대로 생각하지 않으면 남의 생각 속에서 살게 된다. '선택설계'란 이와 같이 사람들로 하여금 자연스럽게 특정 선택을 하도록 설계하는 것을 말한다. 그 결과 사람들은 자기의 자유의사로 택한 것 같지만 사실은 설계자의 의도대로 하게 되는 것이다. 행동 경제학의 대가인 하버드 대학의 캐스 선스타인 교수에 따르면 우리는 오래 전부터 부분적으로 선택설계자가 만들어 놓은 세상 속에서 살고 있다고 한다. 이미지를 합성하고, 댓글을 조작하여 거짓으로 꾸미는 일은 이제 흔한 일이다. 이렇게 거짓이 판치는 시대를 제대로 보려면 질문하고 의심하는 능력이 필수적이며, 자신의 인지 편향을 극복할 수 있는 메타인지의 힘을 키우는 방법밖에 없다. 항상 내가 모르는 것이 있다고 생각하고, 더욱 공부하면서 팩트체크를 하고, 숲을 보면서 나무를 보는 능력과 비판적 사고, 논리적 생각이 절실히 필요한 시대이다.

미국에서는 팬데믹 이후에 각종 인종차별 및 극단주의자들이 기승을 부리고 있다. 사회심리학자 김태형의 저서 『그들은 왜 극단적일까』에서는 극단주의자들이 나오는 원인을 크게 3가지로 본다.

첫 번째는 '심리적 격리'이다. 자신이 사회로부터 배척당하거나 탄압받는다고 느끼는 사람들은 극단주의에 빠지기 쉽다. 따라서 자신과 같은 후보를 지지하지 않는 사람, 즉 자신과 다른 집단에 속한 사람들을 강하게 적대하고 공격하기 쉽다.

두 번째는 '사회적 폭포'이다. 작은 물줄기들이 거대한 폭포를 이루듯 개인의 생각과 감정이 모이면 점점 극단으로 치닫게 된다. 자신의 생각에 동의해주는 사람이 많아지니 용기를 얻어 더욱 과격한 행동을 벌이게 된다.

세 번째는 'SNS와 확증편향'이다. SNS는 내 취향과 기호에 따라 편향된 정보만을 보여준다. 나와 생각이 비슷한 사람을 만나 뭉치기도 쉽다. 만약 트럼프를 지지하는 사람들 사이에서는 아무도 트럼프를 비판하지 않을 거다.

코로나로 인해서 단절의 시간을 보내면서 위의 3가지 조건을 충족시킬 수 있는 환경이 되면서 극단주의자들이 더욱 많이 생기는 것이다. 앞으로 이렇게 팬데믹이 지속될 때 나타날 부작용은 시한폭탄처럼 우리를 불안에 떨게 하고 있다. 김태형은 극단주의의 3대 특징이 배타성, 광신, 강요라고 한다. '광신에 사로잡혀 세상을 배타적으로 대하고 자신의 믿음을 타인들에게 강요하는 것'으로 극단주의를 정의했다. 극단주의의 기본 원인은 안전(육체적 안전과

정신적 안전 모두)에 대한 위협 때문이라고 한다. 극단주의는 음모론, 가짜뉴스, 혐오주의, 배타주의, 광신, 폭력, 강요와 같이 상승작용을 하면서 커진다.

악은 멀지 않은 곳에 있다. 우리의 가족, 친구일 수도 있고 내가 악의 근원이 될 수도 있다. 악의 평범성은 한나 아렌트의 저서『예루살렘의 아이히만』에서 잘 나타난다. 아이히만은 독일군 SS 중령으로 유대인 담당 최고 책임자였다. 여기서 반전은 아이히만이 악마가 아니라 평범한 사람이라는 점이었다. 명령을 충실히 수행했을 뿐, 그것이 무엇을 의미하는지를 생각하지 않은 아이히만의 행동이 대량 학살을 가져왔다. 타자의 입장에서 생각하지 못하는 무능력이 악의 근원임을 주장함으로써 아렌트는 사유의 중요성을 환기시켰다. 우리도 언제나 모르는 사람들에 대한 막연한 선입견과 가짜뉴스로 악의 근원이 될 수 있다.

움베르토 에코의『장미의 이름』은 내가 대학 다닐 때 한창 인기 있던 책이다. 에코는 포스트모더니즘이 강조하는 이성의 한계를 주목하고, 사유의 복수성을 주장하며, 진리의 다원성과 불확실성을 얘기한다. 그로부터 한참 시간이 지난 지금의 현대사회를 보면 아예 진짜와 가짜를 구분하기 힘든 사회가 되었다. 모두가 자신이 믿는 것으로 무장해서, 이것이 폭력이 되고 광신이 된다.

『미래 인문학 트렌드』라는 책에서 저자는 '탐욕에 대한 제어는 인문학적 성찰력 또는 종교적 영성으로 가능하다…(중략)…종교적 영성 역시 인문학적 기반이 없이는 광신이나 기복신앙으로 가기 쉽기 때문에 인문학적 성찰력을 일반화하는 일은 꼭 필요하다'고 한다. 요즘 한국 교회들의 모습을 보면 맹목적이고 비상식적인 행태를 보이며 각종 가짜뉴스와 탄압 프레임에 빠져 자기 자신을 객관적으로 보지 못하는 경향이 있다.

지록위마(指鹿爲馬)라는 고사성어가 있다. 사슴을 가리켜 말이라고 일컫는다는 뜻으로, 옳고 그름을 고의적으로 뒤바꾸는 행위를 비유한다. 진시황이 죽고 2세인 호해가 황제였던 시절, 환관 조고가 반란을 일으키기 전에 다른 신하들이 자기 말을 들을지 시험하기 위해 말을 가리켜 사슴이라고 한 고사에서 유래됐다. 진시황이 죽자 환관 조고가 태자 부소를 죽이고 어린 호해를 황제로 세워 조정의 실권을 장악한 뒤 호해에게 사슴을 바치며 말을 바친다고 이야기하자 호해는 '사슴을 가지고 말이라고 하다니…'라며 신하들에게 말로 보이는지 물었다. 그러나 신하들은 조고가 두려워 '그렇다'고 긍정했다. 조고는 부정했던 몇몇 이들을 기억해 두었다 나중에 죄를 씌워 죽어버렸고 이후 조고의 말에 반대하는 사람이 없었다고 한다. 벌거벗은 임금님처럼 다들 옷을 입었다고 말하면 그렇게 믿어지는 것이다.

지금은 아예 '탈진실의 시대', '포스트 트루스(Post Truth)'시대라고 철학자 리 매킨타이어는 얘기한다. 너도 옳고 나도 옳고, 여론은 파편화되고 서로 대화는 통하지 않는다. 그렇지 보니 말보다 몸이 나가고 폭력화되고 음모화되고 있다. 연세대 사회학과의 김호기 교수는 이러한 극단적 다원주의의 경향은 토론에 기반해 합의를 도출하는 민주주의를 적잖이 위태로운 상황에 치하게 할 가능성이 크고, 특히 자기만이 옳다고 주장하는 단원적인 포퓰리즘은 더욱 위험하다고 경고한다. 이분법 사회에서 상상력의 부재와 소통하는 법을 잊어버려 내 안의 울타리 얘기만 한다. 울타리 담장을 넘어 소통하고 존중하는 태도가 필요하다.

『협력의 역설』의 저자 애덤 카헤인서는 자기와 다른 생각의 사람들과 협력하는 방법을 제시한다. '사회를 위한 최고의 미덕은 다원주의 역량'이라고 한다. '전체는 하나가 아니다. 모든 사회 시스템은 여러 개의 전체로 이루어진다. 그 전체들은 더 커다란 전체의 일부분'이라고 한다. '새는 좌우의 날개로 난다'고 하는 이영희 선생의 말처럼 우리에게는 보수도 필요하고 진보도 필요하다. 태극기부대도, 트럼프도, 가짜뉴스를 퍼나르는 분들도 우리의 부모이고 형제이다.

철학자 한나 아렌트는 '지속적인 거짓'에 의해서 '진실과 거짓의 차이는 부식되어버린다'라고 지적하면서, 거짓이 진실과 사실을 덮어버리는 것이야말로 민주주의의 가장 심각한 위기를 가져온다고 경고한다. 텍사스대 강남순 교수의 글에서는 '거짓을 통해서 공공의 적을 향한 증오를 부추김으로써 결과적으로 민주사회의 정치적 위기를 생산하고 있다. 거짓은 현실을 왜곡시키고, 사람들을 자신의 현실로부터 분리시킨다'고 한다. 아렌트의 표현대로 하면 거짓과 가짜뉴스가 '삶의 방식'이 되어가고 있다. '진실이나 사실을 밝혀내는 것은 고도의 인내심과 복합적인 접근을 필요로 한다. 반면, 거짓말이나 가짜뉴스는 아무런 인내심을 작동시킬 필요도 없고 사유할 필요조차 없다. 많은 사람이 사실과 진실보다 거짓과 가짜뉴스에 더 환호하는 이유'라고 강 교수는 말한다. 거짓과 허위보도가 아니라, 사실과 진실에 접근하고자 치열하게 노력하는 사회만이 민주주의를 성숙시킬 수 있다.

05.
일자리 감소와 노동의 재정의

4차 산업 시대의 도래로 인한 로봇과 인공지능의 일자리 대체, 팬데믹으로 인한 비대면 산업으로의 전환은 일자리 감소를 더욱 가속화 하고 있다. 팬데믹 이전에도 각 나라마다 일자리 감소로 인한 극우주의들이 있었는데 그 극우주의들이 다시 돌아오고 있다. 트럼프의 인기는 미국의 소외된 백인 블루칼라들의 절실한 상황을 대변하는 것이다. 한국노총은 2020년 9월에 조합원 3,246명을 대상으로 한 '코로나19 노동환경 변화 의식조사' 결과를 발표했다. 응답자의 87.6%가 코로나와 신기술 도입으로 인한 일자리 감소를 가장 걱정하는 것으로 나타났다.

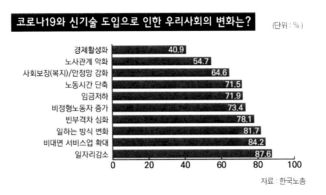

코로나19와 신기술 도입으로 인한 우리사회의 변화는? (단위 : %)

경제활성화	40.9
노사관계 악화	54.7
사회보장(복지)/안정망 강화	64.6
노동시간 단축	71.5
임금저하	71.9
비정형노동자 증가	73.4
빈부격차 심화	78.1
일하는 방식 변화	81.7
비대면 서비스업 확대	84.2
일자리감소	87.6

자료 : 한국노총

인간을 규정하는 요소 중 노동은 근대사회에서 중요한 위치를 차지했다. 인간을 호모 라보란스(homo laborans)라고도 부른다. 마르크스가 말했듯이 노동이란 인간이 생존하기 위한 경제적 가치를 생산하는 동시에 사회관계를 이어주는 자아실현의 매개체가 되지만, 노동이나 과잉 활동이 절대화되고 일상을 지배하면 삶의 중력과 의미가 전도되고 만다고 했다. 예전에는 자본주의에 대한 비판의 도구로서 노동의 착취 또는 인간의 소외를 얘기했지만 이제는 착취당할 일자리 자체가 감소하는 현실이다. 인공지능과 로봇의 일자리 대체는 팬데믹을 통해서 더욱 가속화되고 있다. 이미 코로나 이전부터 인공지능과 로봇으로 일자리 대체가 진행되면서 이제는 아이들의 진로 고민도 더욱 심각하게 만들고 있다. 한국 고용정보원의 발표에 의하면 2025년도 전공계열별로 인공지능 고용 대체율을 발표했는데 의약분야는 무려 51.7%나 인공지능이 사람을 대체할 것으로 전망했다.

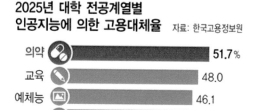

2025년 대학 전공계열별
인공지능에 의한 고용대체율   자료: 한국고용정보원

전공계열	고용대체율
의약	51.7%
교육	48.0
예체능	46.1
사회	44.7
공학	42.5
자연	41.1
인문	40.2

우리는 인공지능과 로봇의 진입을 막을 수 있을 것인가? 『AI 시대 : 본능의 미래』의 저자 제니 클리먼은 다음과 같은 에피소드를 소개한다. 서피크 & 오하이오 철도회사에서 굴착기사로 일하던 존 헨리(John Henry)는 1870년 경영진이 증기동력 착암기를 도입할 당시 빅벤드 산에 1.6킬로미터에 걸친 터널을 뚫는 공사를 하고 있었는데, 자기가 증기 착암기보다 더 낫다고 장담했고, 실제로도 그 말을 증명해 보였지만 과로 끝에 곧 사망하고 말았다는 이야기이다. 인간은 반복적인 작업에서 기계나 로봇을 따라가지 못한다. 모든 삶의 분야에서 로봇과 인공지능이 대체할 세계로 인해 인간들의 경제적 가치가 없어지고 일자리에서도 소외되면 인간들은 무엇을 해야 하나. 직업은 단지 급료를 떠나 사람들의 삶에 많은 이점을 가져다준다. 동료들과 함께 일하면서 느끼는 사회적 유대감, 목표 설정과 달성에 따르는 만족감, 규칙적인 일상 등을 직업이 제공한다고 제니 클리먼은 얘기한다.

그나마 있는 일자리들도 긱워커의 개념으로 비정규직, 프리랜서 일자리만 늘어나고 있다. 플랫폼 노동자로 일하는 사람의 수가 증가하고 있으며, 노동의 유틸리티화가 계속 진행된다면 근대 조직의 모습을 근본적으로 바꿔 놓을 가능성이 크다. 전형적인 생산조직의 가장 큰 특징은 노동의 결과물이 아닌 노동력 자체를 구입해서 노동자를 내부화한 데 있기 때문이다. 만일 현대의 조직이 이러한 노동력의 내부화를 약화시키고 필요할 때마다 외부의 노동을 끌어다 쓴다면, 이는 조직이 기존처럼 거대하게 운영되어야 할 이유가 없어지는 것이다.

최근에 플랫폼 비즈니스의 등장으로 많은 사람들이 긱워커로 인력 시장에 뛰어들었고, 플랫폼 비즈니스에서 일하는 긱워커를 '프래캐리아트'라고도 지칭한다. 이는 '불안한 노동자'라는 합성어이며 앞으로 프리캐리아트가 점차 늘어날 전망이다. 그나마 긱워커의 일들도 인공지능이나 로봇이 대체하는 속도가 빨라지면서 인간이 설 자리를 잃어간다. 후지이 겐키의 책 『90%가 하류로 전락한다』에 따르면 미래에는 90%에 달하는 사람들이 하류의 삶을 살게 될 것이라고 한다. 유발 하라리가 말하는 '무용인간'이 등장할 것이다. 이는 재화나 서비스 생산에도 기여하지 못하고 돈도 없어서 소비에도 기여하지 못하는 잉여인간을 말한다.

영화 「레디 플레이어 원」에서처럼 가난한 계층들은 가상도시에서 사는 것이 실제 현실이 될 수도 있을 것이다. 실제 도시는 지저분하고 위험하며 재해가 끊이지 않는다. 그곳에서 당신은 플랫폼 노동자로 근근이 살아간다. 대신 가상현실에서는 자신이 원하는 것을 얻을 수 있다. 게임에 자신의 모험을 걸고 명예와 돈을 가질 수 있다. 돈 없고 시간 많은 사람들이 요즘 그나마 스마트폰이라도 있어서 사는 낙을 찾는 것과 같다. 이제는 현실을 잊기 위해 가상현실로 들어가는 사람들이 점차 많아질 것이다. 최근 뉴스를 보니 팬데믹으로 밖으로 나가지 못하는 10대들이 제페토(Zepeto)라는 가상현실 앱을 이용해서 거기서 친구도 만나고 드라마 촬영이나 취미활동 등도 한다고 한다. 지금의 어린 학생들에게는 가상현실이 더 편한 시대가 온 것이다. 팬데믹으로 가속화된 가상현실 등의 메타버스(Meta-verse) 시장은 2025년까지 300조 글로벌 시장규모로 증가할 것이라고 한다.

최근 인간의 평균수명이 늘어나면서 우리는 은퇴하고도 긴 여생을 살아야 한다. 100세 인생에서 조금 있으면 120세 인생을 살아야 할지 모른다. 길어지는 인생이 축복일까? 돈이 없고 할 일이 없으면 축복이 아니라 저주일 수 있다. 대학 졸업해서 20~30년 일하고 은퇴 후 20~30년 살다가 죽는 시대는 끝났는지도 모르겠다. 20~30년 일하고 은퇴했는데 50~60년을 더 살아야 하는 시대가 오고 있다. 과연 그 시간을 어떻게 보내야 하나. 로봇과 인공지능이 우리의 일을 하면 우리는 무엇을 해야 하나. 이제 노동의 의미도 재정의되어야 한다.

예전에는 신학에서 '직업소명설'로 자본주의와 청교도정신에서 노동을 신성한 것으로 간주하고 근면성실하게 일하는 것이 신의 섭리로 여겨졌는데 이제는 '일'이 없다. 일이 없으니 우리 인간의 존재 의미를 '노동'으로 찾는 '노동하는 인간(호모 라보란스)'의 시대는 지나갔다. 노동의 의미도 이제는 돈을 벌기 위한 교환수단으로서의 일이 아니라 사회를 위해서 가치를 만들어낼 수 있는 것을 노동으로 봐야 한다. 또한 예술적 가치를 만들어내고 문화적인 창작활동을 하여 인간들의 삶을 풍부하게 하는 것도 '일'로 보아야 한다. 아래의 표는 기존의 일에 대한 개념과 새로운 일에 대한 개념을 대비하여 보여주고 있다.

성격요소들	기존의 일	새로운 일
반대급부	돈(월급, 수익 등)	의미, 만족, 보람
범위	기업이나 조직에서 원하는 것을 짜여 진 틀에 한정	가치를 만들어낼 수 있는 모든 것들
주체성	수동적	자기주도적
창의성	제한적	창의성 무한대 가능
수명	기업이 원하는 시기까지, 필요시까지	자기가 원할 때까지 무한정
자신의 탤런트	기업이 원하는 역량만 사용	자신이 좋아하고 잘 하는 부분 사용
삶의 통제력	타인이 내 삶을 지배	내가 내 삶을 지배

노동의 새로운 패러다임 비교(이종찬)

　최근 『나를 채우는 인문학』을 쓴 최진기 선생도 노동의 개념에 대해서 다시 생각해봐야 한다고 주장한다. '인간의 본질이 노동'이라는 기존의 경제학자들의 개념에 대해, 이제는 4차 산업 시대가 오면서 노동이 권리이며 의무가 아닌 사회가 온다는 것이다. 예전에는 노동권이 국민의 권리이고 의무인 사회에 살았지만, 이제는 일을 하고 싶어도 일을 할 수 없는 시대가 온 것이다. 인간의 의미를 일에서 찾는 시기는 어쩌면 없어질지도 모른다. 내가 주장하는 바도 이제는 생계를 위한 일이 아니라 돈을 바라지 않는 창작행위, 남과 사회를 위한 일들이 일의 개념으로 대체될 것이다. 그래서 최저 생계를 위한 기본 소득이나 플랫폼 회사들에게 걷는 디지털세가 거론되고 있다. 결국 인간이 로봇, 인공지능으로부터 지킬 수 있는 일은 창의성을 가지고 할 수 있는 창업, 남을 돕는 봉사, 문화

예술 활동이다.

『직업의 종말』의 저자 테일러 피어슨은 이제는 직업의 시대에 종말이 올 것을 예견하면서 다음과 같이 얘기한다. '직업은 돈이 시간에 매여 있어 내재가치를 끌어올리는 데 한계가 있다. 게다가 통제력마저 포기해야 한다. 우리에게 가장 가치 있는 자산인 시간을 맞바꾸는 것 외에는 아무런 영향력을 행사할 수 없는데, 문제는 시간이라는 게 너무나 한정된 자산이라는 점이다. 그렇기에 우리는 직업의 영역을 넘어서서 시장의 힘에 대응할 통제력을 잃을 수밖에 없게 된다.' 기존의 직장·직업에서 벗어나 새로운 형태의 일을 만들어야 할 시대가 온 것이다. 반대로 생각하면 생계수단으로 노예화되었던 일자리에서 인간 본연의 의미를 찾는 일이 필요한 시대가 온 것이다.

로봇과 인공지능 이슈는 오래전부터 있었지만, 이전과 확연히 다른 양상으로 전개되고 있다. '최근 벌어지는 극단적 자동화(radical automation) 현상에는 인간의 모든 노동을 기계가 대체하게 하려는 현대사회의 욕망이 숨겨져 있다…(중략)…힘들고 어려운 노동은 기계가 대신하고 인간은 그 시간에 하고 싶은 일을 한다, 혹은 논다는 것이 이 욕망의 실체'라고 『우리는 어떤 미래를 원하는가』의 저자 박성원은 말한다. 인간이 노동에서 벗어나는 것을 꿈꿔왔고 이제는 기술적으로도 실현가능한 세상이 도래하므로 이제는 인간이 의무적인 노동에서 벗어나 다른 의미 있고 창의적인 일을 찾아야 할 때이다.

1928년 존 메이너드 케인스는 「우리 손주들을 위한 경제 전망 (Economic Prospect for Our Grandchildren)」이라는 논문에서 미래에는 생산성과 과학기술의 진보가 후손들에게 새로운 종류의 문제를 안겨주게 될 것이라고 주장했는데, 남아도는 여가시간을 어떻게 활용하느냐 하는 문제였다. 케인스는 지금쯤이면 우리 모두가 주당 15시간씩 일하고 있으리라 예상했다. 사실 우리의 기술은 주당 15시간씩 일해도 우리가 필요한 재화를 생산할 수 있는 기술을 가지고 있다. 하지만 실제로는 한쪽에서는 일이 없어서 굶어죽는 지경이고, 한쪽에서는 과로사하는 것이 슬픈 현실이다.

『인간은 필요 없다(Humans Need Not Apply)』의 저자 제리 카플란은 인공지능과 로봇이 일자리를 가져가기 때문에 사람들이 계속해서 경제적 가치를 창출할 수 있게 하는 더 나은 전략은 그에 상응하는 기술과 도구를 갖추도록 해야 한다는 것이다. 많은 기업가가 나와야 한다고 한다. 우리는 지금부터 '내가 원하는 것이 무엇인지' 찾아내야 한다. 그렇지 않으면 다른 사람이 하는 것을 하고 싶어 하거나, 다른 사람이 하라고 하는 대로 살 수밖에 없다고 테일러 피어슨은 말한다. 『죽음의 수용소에서』의 저자인 빅터 프랭클은 유대인 강제수용소에서 5년을 버티며 살아내면서 '의미를 발견하는 것'이 자신을 혹독한 환경에서 살아남게 했다고 한다. 의미를 찾고, 그것에 따라 행위를 하고 하루하루 의미를 채워가는 것이다. 당신은 이 코로나 기간에 어떻게 살아왔나 되돌아보아야 한다.

최근 고미숙 선생의 『백수는 인류의 미래다』라는 책을 흥미 있게 읽었다. 이미 한국에도 많은 청년들에게 일자리가 없어서 사회직 문제가 된지 오래다. 4차 산업의 여파로 인해서 앞으로 육체노동과 정신노동을 로봇과 AI가 대신할 것이다. 그러면 결국 인간은 백수로 살아갈 날이 머지않았다. 99%가 프로캐리아트로 살고 무용인간으로 살 날이 머지않았다. 고미숙 선생은 자본주의에서 이미 인간은 '머니게임'의 일상에 중독되었다고 본다. 쇼핑에 중독되고, 야식에 중독되고, 일에 중독되고, 헬스에 중독되고, 드라마에 중독되고, 삶의 모든 영역에 중독이 된다. 이제는 클릭만 할 수 있는 인간들의 종착지는 투기중독이 될 것이라 주장한다.

그래서 고미숙 선생은 청년들을 위해서 '감이당'이라는 공부공동체를 만들어서 자아를 성장시키기 위한 공부를 같이하는 공동체를 만들어 운영하고 있다. 자기만의 근원적인 답을 찾은 뒤에야 기술적인 것과 스펙도 의미가 있다. 삶의 목표와 목적, 의미 등 큰 가치관을 고민한 뒤에 파운데이션이 되어야 한다. 그렇지 않으면 남들이 생각한 대로 살 수밖에 없다. 종교든 철학이든 근본적인 질문을 시작해야 한다. 본인은 고등학교 시절에 대입 시험을 준비하면서도 왜 열심히 공부하여야 할까 고민했고, 대학에 가서도 왜 내 전공을 공부할까 고민했다. 세상 사람들은 다 답을 알면서 살고 있을까 궁금했다. 그러나 이제 보니 대부분의 사람들은 그냥 아무 생각 없이 남들이 그렇게 사니까 그렇게 사는 것이라는 것을 알고 허무했다.

백수가 미래의 인간형이라면 그냥 놀고먹는 존재로 끝나면 안 된다고 생각한다. 인간의 존재 의미를 다시 고찰해야 한다. 인간이 성장하고 배우고 하는 것은 좋으나 배움의 지식을 실천하는 장도 필요하다. 인문학적 사고가 한낱 책상에서만 끝나면 안 된다. 결국 배움의 목적이 사회나 남을 위한 방향으로 설정되어야 한다. 그렇지 않으면 썩은 물처럼 사람을 독단적이고 교만하게 만든다. 필자의 책 『게으름의 경영학』에서 내가 주장한 것은 '목적이 있는 게으름'이다. 그냥 놀고먹는 게으름이 아니라 진정한 목적을 발견한 사람이 의도하는 게으름이다. 의미 있는 일에 더욱 시간과 에너지를 쓰자는 외침이다.

최근에는 청년층을 중심으로 '네오 러다이트 운동(Neo-Luddite Movement)'이 고개를 들고 있다. 네오 러다이트 운동은 19세기 초 기계를 파괴하자는 러다이트 운동과 구별해 증강현실, 즉 첨단 기술을 파괴하자는 움직임을 지칭하는 말로서 컴퓨터 바이러스 확산, 디도스(DDos) 공격, 사이버 테러 등을 통해 플랫폼 비즈니스와 국가 등에 저항하기도 한다. 예를 들어, 기술적으로 로봇이 사람 대신 여러 분야에서 활약하며 농업이나 제조업, 서비스업 같은 일을 대체하는 상황에서 우리는 '노동의 역할이 무엇이어야 하는가'라는 질문에 직면한다.

이에 대한 해법은 노동시간을 축소하고 일자리를 공유하는 것이다. 최근 기본소득에 대한 국제적 논의가 코로나 기간 동안 지원된 긴급구제 자금으로 시험대에 오르게 되었다. 미래에는 기본소득을 받은 개개인은 하고 싶은 일에 집중할 수 있게 된다. 이를 통해 개인의 행복과 사회 이익을 동시에 추구하는 것이 가능하다. 더 큰 자유(시간)를 갖게 되면 사람들은 자기 삶의 의미와 보람을 찾는 데 더 많은 시간을 쓰게 된다. 그 결과 개인은 행복을 추구할 수 있게 되고 사회 혁신 활동이 활발해질 것이다. 일부 미래학자들(제레미 리프킨 등)은 노동시간이 크게 축소될 수밖에 없고, 그 결과 일자리를 유지하기 위해서라도 머지않아 주 3일 근무가 정착될 것으로 전망한다.

21세기는 일률적이고 사무적인 결정은 컴퓨터가 수행하고, 창의성이 미래에 가장 중요한 기술로 부상한 시대이다. 4차 산업혁명 이후의 사람들은 일에 대한 인생의 의미를 규정하고 사회에 무언가 가치를 창출하는 일을 하고 싶어 한다. 즉 사회에 창의성이 넘치려면 더 많은 자유가 확보되어야 하는데, 여기서 기본소득이나 사회배당금은 중요한 역할을 한다. 이처럼 기술 진보와 기본적인 사회보장이 만날 때 우리는 가족이나 친구들과 함께 보내는 시간을 늘릴 수 있고 사회적으로 가치 있는 일을 할 수 있으며, 동시에 더 잘할 수 있는 일에 집중할 수 있다.

최근에 유럽에서는 디지털세에 대한 제도를 도입하는 움직임을 보이고 있다. 2020년대에 들어 '구글세(Google Tax)' 도입 논의가 본격화될 전망이다. 구글세란 구글 등 다국적 IT 기업을 대상으로 부과되는 세금을 말한다. 막대한 이익을 올리고도 조세 조약이나 세법을 악용해 세금을 내지 않던 다국적 기업에 대한 대응 차원에서 나왔다. 구글세의 협의의 개념은 신문사 등이 제공한 뉴스 콘텐츠를 활용해 트래킹을 일으킨 포털 사이트가 광고 수익이 생길 때 세금 형태로 징수하는 저작료 또는 사용료다. 구글세라는 이름도 대표적인 사이트가 구글이어서 붙여진 것이다. 한국과 스페인 등에서 지금까지 부과된 구글세는 대부분 이 개념에 속한다. 디지털세가 기본 소득으로 연결이 되어 인간이 일자리를 내줬을 때 쓸 수 있는 기본소득으로 재원을 마련하고자 하는 실험은 계속될 것이다.

06.
포스트휴머니즘

    인간은 과연 어떤 존재일까? 인간은 누가 창조하였고 왜 창조하였을까? 이는 종교의 영역이기도 하지만 과학기술의 발달로 포스트휴머니즘과 트랜스휴머니즘을 맞이하는 이때 다시금 생각해 봐야 할 담론이다. 기독교에서 인간을 바라보는 시각은 하나님이 주신 에덴동산의 선악과를 따먹은 죄성을 가진 인간으로 본다. 그리고 예수님이 오셔서 인간의 죄성을 회복하고 인간을 구원하게 하는 것이다. 이제는 트랜스휴머니즘으로 인공장기가 나오고 인간 수명을 늘리거나 인간의 정신데이터를 컴퓨터에 업로드해서 영생을 바라볼 수도 있는 SF 같은 이야기가 현실이 되고 있다. 이제는 종교에서 말하는 영생과 구원의 이론도 다시 손봐야 할 때이다. 그리고 인간론에 대한 철학, 신학적인 논의도 다시 해봐야 할 때다.

    프랑스 철학자이자 신학자인 피에르 샤르댕이나 철학자 자크 엘릴은 '현대인의 삶이 점차 비물질적인 정신세계로 이행할 것'이라고 주장하였다. 특히 기술의 발전이 이와 같은 사회현상을 촉진할 것으로 예측하였는데, 샤르댕의 경우 그러한 정신세계를 누스피어(Noosphere)라고 표현했다. 이는 그리스어로 '마음의 세상'이라는 의미이다. 마니교나 기독교의 영지주의에서 보는 영지주의 요소가 트랜스휴머니즘과 닮았다. 마인드 업로딩을 통해서 영생을 연구 중인 현대과학에 다시 떠오르는 이슈이다. 최근에는 '메타버스(Metaverse)'가 화제이다. 또 하나의 가상현실의 세상으로 인류는 이주할 것이라고 본다. 김상균은 저서 『메타버스』에서 이제 늦기 전에 디지털 지구로 옮기라고 한다. 아날로그 지구 위에 디지털 지구가 겹겹이 생길 것이라고 한다. AR, VR이 팬데믹으로 인해서 더욱 가까이 다가왔고 이제는 게임뿐만 아니라 사무실 공간으로도 쓰이고 공연무대로도 사용될 만큼 생활에 밀접하게 다가오고 있다.

웨어러블 기술은 인간의 생활을 크게 변화시킬 가능성이 있다. 나는 웨어러블을 활용한 사고법을 제안하려고 한다. 웨어러블은 간단히 말하면 인간의 몸이 진화하는 것과 같다. 프랑스 사상가 메를로 퐁티는 의식과 외부 세계를 연결해 주는 경계가 '몸'이라고 말했다. 우리가 외부 세계에 끼치는 영향도, 반대로 외부 세계로부터 받는 영향도 몸에 따라 변화한다는 것이다. 웨어러블 기술이 신체 일부가 되어 인간을 진화시킨다고 생각해 보자. 그럼 인간 한 명이 외부 세계에 보내는 정보량도 많아질 것이다. 외부에서 받는 영향 덕분에 인간의 의식도 매우 많은 정보를 얻을 것이다.

최근에 엘론 머스크는 소셜미디어 클럽하우스와의 인터뷰에서 인간의 뇌와 컴퓨터를 연결하는 마이크로 칩 개발 소식을 전했다. 애니메이션 「공각기동대」에서처럼 텔레파시로 소통을 하는 것을 실현하려는 것이다. 그는 자신이 설립한 신경기술 기업 '뉴럴링크

(Neuralink)'에서 원숭이 뇌에 비디오 게임과 연결되는 무선 컴퓨터 칩을 이식했고, 한 달 뒤 결과를 영상으로 공개할 예정이라고 밝혔다. 머스크는 이 칩으로 알츠하이머, 기억력 감퇴 등 각종 뇌 질환을 치료하겠다는 계획이다. 나아가 서로 뇌파를 읽어 텔레파시로 소통하고, 로봇에 이식해 생각을 보존하겠다는 게 최종 목표다. 이를 실현하기 위해 2017년 설립한 회사가 뉴럴링크인데 2024년에는 상용화하겠다는 계획을 내놨다.

미래학자 로버트 페페럴은 인간이 점점 기술과 혼합이 되어 경계가 모호해지는 포스트휴머니즘이 탄생할 것이라고 한다. 남녀의 성도 모호해지고, 몸이 확정되어 있지 않고 분명한 경계를 갖지 않게 될 것이라고 한다. 미래학자 맥스 모어는 인간의 수명연장 또는 영생을 살 수 있는 기회가 오면서 트랜스휴머니즘이 종교를 대체할 만한 시대가 올 것이라 예측했다. 초자연적인 힘이 아니라 과학과 기술의 합리적 사고에 의해 인류는 더 위대한 것을 성취할 수 있다고 한다. 미래학자 제임스 휴즈는 『트랜스휴머니즘과 몸』에서 인간의 어느 부위까지가 신이 정한 인간의 한계인지 묻고 있다. 유기적인 몸을 유지하는 것이 구원과 영생에 있어서 중요한 것인가 묻고 있다. 이제는 종교와 트랜스휴머니즘과의 관계를 모색하고 이야기를 해야 할 때이다.

애니메이션 「공각기동대」에서 보듯이 앞으로 인간과 로봇 사이의 인간들이 생길 것이다. 어디까지를 인간으로 봐야 할까? 인간의 뇌만 있으면 인간으로 봐야 할까, 아니면 50% 이상 인간신체를 유지하고 있어야 인간일까? 사이보그는 이제 눈앞으로 다가왔다. 영화 「매트릭스」처럼 우리는 가상현실에서 현실처럼 살 수도 있을 것이다. 영화 「트랜스센트」처럼 마인드 업로딩으로 평생을 살 수 있는 시대가 올지도 모른다. SF의 상상력이 현실이 되는 순간이지만 그에 대한 철학적, 윤리적 담론들이 준비되어 있지 않으면 우리는 혼란에 빠질 수밖에 없다.

또 하나의 포스트휴머니즘의 모습으로 올더스 헉슬리의 『멋진 신세계』에서는 생각 없이 세뇌되어 소비와 말초적인 자극, 쾌락주의에만 빠져 사는 미래의 동물적 인간상을 그렸다. '오늘 즐길 수 있는 일을 내일로 미루지 말라'는 것이 미래사회의 표어이다. 하루 즐겁게 살면 된다. 인간은 결혼을 통해서가 아니라 공장에서 대량 생산이 되며 예술, 문화, 종교가 존재하지 않으며 그냥 소마 알약을 먹고 하루를 즐기면서 보내면 된다. 우리의 지능과 사고능력은 점점 떨어지고 그냥 인터넷 정보를 아무런 여과 없이 흡수하고 가짜뉴스, 음모론에 세뇌당한다. 예전에 어릴 때 읽었던 이 소설은 우리 현재의 사회상에서 미래를 엿볼 수 있게 한다.

AI가 2045년의 특이점을 지나면 모든 분야에서 인간의 능력을 초월한 인공지능이 탄생할 것이라고 예견하고 있다(레이 커즈와일, 『특이점이 온다』). AI가 인간처럼 감정을 가질 수 없다고 알고 있지만 위스콘신 대학의 신경과학자 줄리오 교수는 사람의 전두엽처럼 인공두뇌는 인간보다 더 많은 층계를 갖도록 설계할 수 있어서 AI가 인간보다 1,000만 배 더 고차원적인 패턴을 이해하고, 1,000만

배 더 큰 아픔과 기쁨을 느끼고, 1,000만 배 더 깊은 마음을 가지게 될 것이라고 주장한다. 앞으로 AI가 사람보다 더 공감 능력이 있고 냉철한 판단도 하며 인간보다 훨씬 더 완벽한 성품을 가질 수 있다는 이야기이다. 우리가 종교에서 말하는 성화의 과정을 AI가 인간보다 훨씬 완벽하게 가질 수 있다. 결국 AI가 스스로 판단하기를 자신들이 지능, 감성, 육체적 능력에서 인간보다 훨씬 우월한 존재라고 깨닫는 순간 SF에서 보듯이 인류는 지구에 해가 되는 존재라고 생각할 수 있다. 「터미네이터」나 「아이로봇」 영화처럼 인간을 보호하기 위한 알고리즘은 작동되지 않을 수 있다는 연구논문도 발표되었다.

포스트휴먼으로서의 인간을 연세대 신학대 김동환 교수는 '호모 테크니쿠스(테크놀로지의 인간)'라고 표현한다. 호모 테크니쿠스란 테크놀로지(과학기술)에 의해 강화된 인간이다. 인간은 자동차, 비행기를 발명해서 공간적으로 전 세계 어느 공간이나 하루, 이틀이면 갈 수 있게 되었다. 통신, 인터넷의 발달로 모든 사람과 연결이 가능하며, 구글 검색이나 유튜브를 통해서 모든 것을 알 수 있는 능력을 가지게 되었다. 이에 더불어 바이오 기술의 발달로 생명이 연장되고 인간의 수명은 길어진다. 영화 「트랜센던트」에서처럼 인간의 뇌가 슈퍼컴퓨터에 업로딩되어서 살아있는 존재가 나온다. 이미 현실에서도 진행 중이다. 구글의 생명공학 계열사인 칼리코는 인간 수명을 500년까지 늘리겠다며 비밀 프로젝트를 진행 중이다.

고대 철학으로 돌아가서 얘기를 하면 플라톤의 이데아 사상에서 포스트휴머니즘의 개념을 엿볼 수 있다. 플라톤의 이원론에서는 이데아 사상을 기초로 정신에 우월성을 부여하였다. 반면 아리스토텔레스는 영육 일원론으로 인간을 본다. 현재 4차 산업 시대의 추세를 보면 인공장기나 인공신체 부위는 속속 개발되고 있다.

반인간 반로봇의 휴머노이드는 먼 미래의 얘기가 아니다. 뇌만 살아있다면 기계에 연결하는 기술은 시간문제다. 결국 플라톤의 이원론에 근거하여 정신의 우월성을 부여한 포스트휴머니즘이 이론적 근거가 될 것이다. 니체의 초인사상 또한 트랜스휴머니즘과 유사하다. 인간의 정신적 우월성에 대한 요소와 인간의 초월적인 존재로서의 욕망은 트랜스휴머니즘, 포스트휴머니즘으로의 전환을 예견하는 듯하다.

인공지능과 사회의 관계를 어떻게 볼 것인지에 대해, 사회학자 김환석은 인공지능과 인간과의 관계를 다음과 같이 3가지 유형으로 정리한다.

첫 번째는 '네오 러다이즘'이다. 19세기 초 산업혁명에 반대하는 노동자들의 기계파괴 운동과 유사한 것으로 과학기술에 저항하려고 하고 대안을 찾으려는 움직임이다.

두 번째는 '포스트휴머니즘'이다. 포스트휴먼이란 4차 산업 시대 기술의 발전으로 진화된 인류를 말한다. 포스트휴머니즘의 한 흐름이 '트랜스휴머니즘'으로, 인간의 지적·신체적·감정적 능력의 향상을 추구한다. 진화된 기계와 AI는 인간을 위한 확장 수단으로 본다. 닉 보스트롬과 같은 과학자의 견해이다.

세 번째는 프랑스 철학자 브뤼노 라투르의 '행위자-연결망 이론(ANT)'으로, 해당 기술과 연결된 수많은 인간 및 비인간의 행위에 따라 기술의 사회적 결과가 달라진다고 파악하면서 기술로 인간에게 영향을 줄 수 있는 동등한 관계로서의 상호작용이라고 본다. 인간이 어떻게 사용하느냐에 따라 결론은 언제든 달라진다.

결국 기술은 중립적이다. 우리는 기술철학이 필요한 시기에 살고 있다. 핵을 발견한 과학자가 윤리와 철학까지 알 수 없다. 과학자, 철학자, 여러 학자들이 머리를 맞대고 기술철학을 얘기하고, 인류가 어떻게 슬기롭게 사용하고 지속할 것인가 고민해야 한다.

07.
양극화 현상

　이미 한국에서는 경제적 양극화 현상이 심화되고 있다. 한국에서는 3포 세대라 하여 청년들이 주택 구입, 결혼, 출산을 포기한 지 오래되었고 점점 혼자 사는 가구가 늘어난다. 이는 내 한 몸 건사하기 힘든 사회를 살아가는 우리 모두의 이야기이다. 차라리 내가 하고 싶은 것을 하면서 자아실현을 추구하고 행복을 추구하는 1인 가구가 늘어나고 있는 것이다. 얼마 전 한국에서 '데드 크로스' 시점을 지났다는 신문 기사를 보았다. 이제는 혈연이 아니더라도 비슷한 연령대나 취미, 기호에 따라 공동으로 주거하는 형태의 공동주택이 늘어나고 있는 추세이다.

　코로나 이후에는 'K자 양극화'로 한쪽에서는 실업, 폐업으로 고통받는 사람들이 있는 반면, 주식과 부동산으로 떼돈을 버는 사람들이 생겨나면서 K자 회복이 일어나는 슬픈 현실이다. 『바벨탑 공화국』의 저자 강준만 선생은 한국 사회를 '바벨탑 공화국'이라고 비유한다. 바벨탑은 성경에도 등장하며 인간의 탐욕을 나타내는 높은 탑을 얘기한다. 또한 그리스 역사가 헤로도토스의 기록에도 등장하는데, 실제로는 하늘에 닿을 만큼 높은 탑은 아니었고 높이기 70미터 정도였다고 한다. 우리는 주거지, 학력, 취업에 이르기까지 서열화되어 있는 사회에 살고 있다. 사회학자 지그문트 바우만이 얘기한 '의자 뺏기 게임'이 한국 사회에서 벌어지고 있다고 말한다. 자리는 늘 모자라고 게임이 반복될 때마다 누군가는 떨어져 나가고 끝없는 희망고문에 판을 떠날 수도 없는 현실이다.

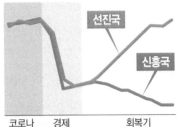

코로나19 이후 K자 회복 전개 양상

선진국

신흥국

코로나 이전　경제 침체기　회복기

선진국
정보통신·소프트웨어, 전자상거래, 대기업,
바이오산업, 고소득·고학력

신흥국
요식·관광·오락, 전통소매산업, 중소기업,
저소득·저학력

자료:국제금융센터, 미국상공회의소

　팬데믹 전염도 양극화된다. 내가 사는 캘리포니아 오렌지 카운티만해도 전염률이 높지 않은데 비해 LA 지역은 필수업종 종사자들이 모여 살기 때문에 2021년 1월에 이미 LA 카운티 인구의 1/3 정도가 코로나에 감염되었다. 필수업종 종사자라 대면으로 일하고, 돈이 없으므로 좁은 공간에 다수의 가족이 살기 때문에 생긴 현실이다. 국가 간 양극화도 심화되고 있다. 백신을 확보한 선진국들도 있지만 백신을 확보할 돈이 없는 후진국들은 속수무책이다.

영화 「엘리시움」처럼 미래에는 아예 돈 있는 극소수만 지구 위의 인공행성에서 거주하고 나머지 하층민들은 오염된 지구에서 가난하게 살게 될 날이 올지도 모른다. 또 영화 「가타카」에서 묘사하는 것처럼 미래에는 아예 DNA 검사를 통해서 적격자와 부적격자로 계급을 미리 나누게 될 수도 있다. 1%의 사회가 아니라 0.1%, 0.01%의 사회가 오고 있다.

08.
소진시대

　『소진시대의 철학』의 저자 김정현 교수는 "자존감(가슴)을 상실하고 사소한 사리사욕에 집착하며 자신의 욕망만을 채워나가는 데 급급한 현대인은 정신적 빈곤과 자아 상실의 '자본주의적 욕망 기계'가 되고 있다"고 진단한다. 어디로 가고 있는지 모르지만 전 국민이 아파트 투자, 주식투자에 열광하고 돈으로 대박 나는 세상을 열망하며 살고 있다. 오늘날의 온라인 세상은 인간들을 초연결 사회에 살도록 만들어놓았고 팬데믹으로 인해 더욱더 대면에서 비대면 세계에서 살도록 요구당하고 있다. 이로 인해 인간관계는 피상화되고 공허해진다.

　김정현 교수는 또 '이미지의 가상현실 속에서 욕망의 기호를 생산하고 소비하는 현대는 인간 삶의 의미를 부식시키고 있으며, 인간의 자기 발견과 인간애의 실천에 무관심하다. 세계에서 몸을 부딪치며 살아가는 인간은 정보 매체의 속도와 가상에 흡입되며 세계에서 소외되어간다'고 한다. 가상세계로의 진입은 우리에게 득이 될지, 실이 될지 확실치 않지만 인간의 자기발견과 인간애 실천에 대한 무관심은 걱정스러운 부분이다.

이탈리아 철학자 프랑코 베라르디는 『죽음의 스펙터클』에서 한국 사회의 특징을 네 가지로 짚었다. '끝없는 경쟁, 극단적 개인주의, 일상의 사막화, 생활 리듬의 초가속화'가 그것이다. 에리히 프롬이 그의 마지막 책 『건전한 사회(The Sane Society)』에서 이야기한 '정상성의 병리성(pathology of normality)'처럼, 병든 사회에서 아무런 일이 없다는 듯이 '정상'으로 사는 사회이다. 우리는 우리가 환자임을 모르고 살아가고 있는지도 모르겠다.

찰스 테일러(Charles Taylor)에 따르면 오늘날 우리는 문명의 발전에도 불구하고 상실감을 안고 살아간다. 그는 현대인의 불안의 근원이 '개인주의', '도구이성의 지배', '중앙집권화된 관료주의 정치' 이세 가지 영역과 밀접하게 연관되어 있다고 지적한다. 우리는 개인주의가 근대 문명의 최고 업적이라고 생각하지만 각자 자신의 삶에만 초점을 맞추기 때문에 세계와 삶에 대한 광범위한 시야를 상실하고 있다는 것이다. 삶의 의미를 상실하고 타인의 삶이나 사회에 점차 무관심해지는 이러한 개인주의 경향을 그는 '자기 몰입(Self-absorption)'이라는 어휘로 표현한다. 이러한 경향은 개인이 공동체와 연계될 때 비로소 삶의 목표를 실현할 수 있다는 인식의 상실, 즉 삶의 의미 상실이나 도덕적 지평들의 실종을 뜻한다. 공동체의 도덕 지평이 상실되고 삶의 지향점을 잃어버린 현대사회의 개인은 원자로 부유하는 불안한 개체일 뿐이다. 가족이 해체되고 타인의 삶에 무관심한 채 자기 몰입에만 빠진 개인들은 불안 속에서 존재를 소진하며 살아간다.

찰스 테일러는 현대사회는 자기실현을 인생의 주요한 가치로 삼지만 타인에게는 관심을 두지 않는 생활 태도(나르시시즘 문화)와, 의미 지평에 대한 개방과 대화를 통해 정체성을 찾고자 하는 진실성의 이상 사이의 내재적 긴장이라는 병을 앓고 있다고 한다. 노동 능력과 스펙, 몸값과 욕구를 효율적으로 관리하고 극대화하며, 부산하게 노동하고 자신을 성과 주체로 경영해야만 하는 현대인은 한편으로는 물질적 풍요를 분배받는 성과 사회의 구성원이지만 다른 한편으로는 스스로를 착취하는 가해자인 동시에 피해자가 되고 있다. 21세기의 병리적 상황을 지배하고 있는 우울증, 주의력결핍 과잉행동장애(ADHD), 경계성성격장애, 소진증후군 등 신경증 질환들은 이를 대변한다고 우려한다.

키에르케고르가 '무정신성'이라고 얘기한 것이 현대인들에게 더 맞는 듯하다. 자신의 삶에 대한 깊은 성찰적 사유 없이, 타자의 삶과 내 삶의 공동체적 연대성에 대한 의식적 반성 없이 살아가는 태도를 말한다. 철학자 김정현은 현대인은 오로지 성과와 이기적인 자기관리에만 몰입하며 살아가는데 이러한 자아 몰입과 무정신성의 삶은 근본적으로 인간관계를 의미 있게 이어주는 소통을 단절시킨다. 최근의 정치적 양극화와 음모론, 가짜뉴스가 생겨나는 것은 소통 가능성의 부재도 한 요인이라고 생각된다. 철학자 김정현은 또 불안 속에서 자신과의 소통 가능성이 막힌 사람은 타인과 제대로 소통할 수 없다. 이기적 자아 몰입 상태에서는 인간과 인간의 만남이, 인간적인 교류나 표현이 막히는데 이는 현대가 보이는 자아 질병의 하나이다.

이는 과잉 활동과 존재의 소진, 만성피로, 불안으로 인해 자아가 딱딱하게 굳어버리는 자아 경화의 질병이기도 하다'라고 한다.

철학자 김형석 교수는 '물질적 가치보다는 정신적 가치를 추구하는 사람들이 더 행복하며, 이기적으로 사는 사람보다 이타적으로 사는 사람이 더 행복하게 산다'고 우리에게 얘기한다. 김 교수는 현재 100세 넘는 고령에도 우리에게 삶에서 얻은 중요한 통찰력을 주고 있다. 오늘날 우리는 자기 자신에 대해 자기가 소유하고 있는 재산으로 구성된 존재로 여긴다. 에리히 프롬은『소유냐 존재냐』에서 우리는 소유와 탐욕을 통해서 우리의 가치를 추구해야 하는 것이 아니라 존재에 대한 고민과 성찰을 해야 하고, 이를 통해 나와 사회가 행복할 수 있다고 한다. 그는 현대 문화가 실패한 원인을 진정한 자아에 충분히 관심을 기울이지 않는 데서 찾는다. 이는 진정한 자아에 대한 관심의 결여, 즉 자신을 사랑하고 있지 않다는 사실과 밀접한 관계가 있다.

오늘날 현대사회에서는 사람들이 자신의 영혼에 대해 관심을 갖지 않는다는 것이다. 우리는 어떻게 자기 자신의 영혼을 보살피고 삶의 의미를 충전시킬지 고민해야 한다. 불안, 조급함, 부산함, 피로, 소진, 무력감, 우울, 분노, 공격성 등을 해소하기 위해서 삶의 목적과 의미를 되돌아봐야 한다. 꿈꾸다가 가위 눌렸을 때 누군가가 도와줘야 한다. 쥐가 났을 때도 누군가 도와줘야 한다.「매트릭스」처럼 누군가가 현실로 불러와야 한다. 나와 남을 부스트하는 인간이 필요하다.

09.
단절의 시대

코로나로 인해서 우리는 사람들을 못 만나면서 단절된 시대를 살고 있다. 친구, 이웃, 친지 등이 어떻게 살고 있는지 연락도 점점 뜸해진다. 코로나 피로감으로 인해서 그나마 온라인으로 하던 줌도 귀찮아 지는 시점이다. 미국 공중보건 위생국 국장을 지낸 비벡 H. 머시 박사는 그의 책『우리는 다시 연결되어야 한다』에서, 사람들이 외로움을 느꼈던 근본적인 이유는 오래전부터 존재해온 '상호 의존적 삶의 방식'에 있다고 진단한다. 즉, 역사적으로 인간은 상호 의존적으로 연결되어왔는데, 외로움은 최근의 새로운 시대적 가치관인 '독립'이나 '자립'이라는 가치와 일종의 충돌(상호 의존성이라는 역사적 본능과 현대적 가치관의 충돌)을 일으킨 흔적이라는 것이다.

이에 더해, 외로움 문제를 오랫동안 연구해온 심리학자 아미 로카흐(Ami Rokach) 박사는 외로움은 사회적 경험이 사회적 기대를 충족하지 못할 때 생긴다고 설명한다. '결혼해야' 하는데 결혼하지 못하거나, 친구들과 '어울려야' 하는데 어울리지 못할 때, '남들처럼 해야' 하는데 그렇지 못할 때 외로움을 느낀다는 것이다. 쉽게 말하면, 우리를 둘러싼 공동체는 나에 대한 광범위한 문화적 기대감을 가지고 있는데, 실제 생활이 이 기대감을 충족시키지 못할 때 우리는 외로움을 느끼는 경향이 커진다는 것이다.

코로나로 인해서 더욱 단절의 시대를 보내고 있다. 이럴 때일수록 인문학적 문화 공동체가 필요하다. 자기 계발을 하고 삶을 얘기할 수 있는 비대면 공간이 필요하다. 코로나가 길어지면서 개인들은 각자도생으로 우울과 외로움, 단절과 싸워가고 있다. 나만 고통스러운 것은 아니지만, 남들이 어떻게 사는지 서로 소통을 못 하니 답답하기 그지없다.

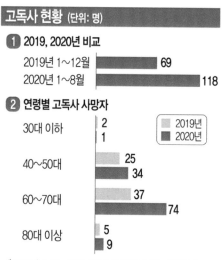

한국에는 고독사하는 사람들의 수가 늘어나고 있다. 죽음도 개인이 감내해야 하는 고통의 시간이다. 기능적으로 분화되고 복잡

성이 증대된 현대사회에서 죽음은 더 이상 전통 시회에서처럼 가족 구성원 전체가 함께 참여하는 일상적 사건이 아니라 병원이나 양로원으로 들어가 홀로 감내해야 하는 부정적인 사건으로 변하고 있다.

톨스토이의 『이반 일리치의 죽음』에 나오는 이반 일리치는 '나는 죽지 않을 것'이라고 생각하며 죽음에 대해 무관심하다. 죽음은 먼 미래로만 생각한다. 그런 이반 일리치의 주변을 보여주며 성공과 명예, 돈만을 위해 달려온 인생을 다시 돌아보게 한다. 성경에는 선한 사마리아인이 나온다. 믿음이 좋은 제사장은 바빠서 강도 당한 자를 지나치지만, 정통 유대인에게 멸시받는 혼혈계통의 사마리아인은 가는 길을 멈추고 강도 당한 자를 보살펴준다. 코로나 기간 동안 나만 무사하고 돈 벌면 끝이 아니라 내가 번 돈이 누군가의 희생으로 만들어 진 것이 아닌지 돌아보는 성찰이 필요하다.

10.
왜 부스터가 필요한 시대인가?

결국 우리는 이타적인 삶의 태도로 전환할 필요가 있다. 그것은 나를 위해서도, 사회를 위해서도 남는 장사이다. 미국의 소설가 허먼 멜빌은 '인간은 다른 인간에 대해 터무니없는 억측을 한다. 그중 가장 심한 것은 좋은 집에서 따뜻하게 살며 잘 먹는 사람들이 가난한 사람들의 습관에 대해 하는 비판이다'라고 한다. 우리가 등 따뜻하고 배부르다고 세상이 다 아름답지만은 않다. 눈에 안 보이는 잊혀지고 소외된 자들이 있다. 우리가 찾아보면 도움이 필요한 사람들이 너무 많음을 느낀다.

평소 나는 미국에 살면서 홈리스 봉사자로 미국의 비영리단체에서 직업 멘토링을 하고 있다. 또한 교회에서 도움이 필요한 비영리단체에 필요한 일손들을 교회와 연결해 주는 일도 하고 있다. 그일을 하다 보면 정말 도움의 손길이 필요한 곳이 너무 많다는 것을 느낀다. 나 혼자 모든 봉사단체를 다 도와줄 수도 없고, 누군가 같이 연대하여 도와줄 일이지만, 이런 일들을 같이 하려고 하는 사람들은 찾기가 쉽지 않다. 지금 당장 내 코가 석 자라고 생각하거나, 귀찮거나, 여러 이유로 외면한다.

리프킨은『공감의 시대』에서 오늘날 보통 사람들은 인간의 행복을 재산의 소유와 연결하며, 돈으로 행복을 살 수 있을 뿐만 아니라 부로 통하는 길과 행복으로 통하는 길은 하나이며 같은 길이라 생각한다고 지적한다. 이는 서양뿐만 아니라 우리 사회에도 그대로 적용된다. 근대화 과정에서 압축적인 경제성장을 체험한 우리는 현재 재산 축적과 물질적 가치에 유난히 집착하며 살고 있는 듯하다.

김미경 선생은 저서『리부트』에서 '우리는 모두 자기 관점에서 세상을 본다. 타인의 관점, 인간 전체의 관점에서 세상을 보는 일은 드물다. 아무리 인문학 공부에 매진해도 관점을 확대하지 못하면 공부는 소용이 없다. 자기를 넘어 타인, 인간의 관점에서 세상을 볼 때 보지 못한 것이 보인다. 인문학은 우리의 좁은 시야를 넓히는 공부다'라고 하면서 자신의 관점을 넘는 것이 인문학 공부의 목적이라고 한다. 인간은 혼자 행복할 수 없다. 아무리 돈이 많고 권력이 높고 체력이 강해도 행복하려면 타인이 필요하다.

이타적인 사람이 학습능력도 높고 의사결정능력도 우수하다는 연구결과가 발표되었다. 오스트리아 빈 대학 심리학부, 사회·인지·정서 신경과학과, 영국 옥스포드대 실험심리학과, 버밍엄대 뇌건강센터 공동연구팀은 타인에게 해를 끼치는 행위를 피하려는 것이 일반적인 사람들의 보편적 행동과 사고이며 이들은 자신이나 자신이 속한 집단만의 이익을 앞세우는 사람들보다 학습 능력과 의사결정 능력이 우수하다고 뇌신경과학 분야 국제학술지「신경과학」지를 통해 발표했다. 사회적 동물인 사람은 일반적으로 이타적 선택을 할 때 학습능력, 의사결정능력을 관장하는 뇌 부위가 이기적 선택을 할 때보다 더 활성화되는 것으로 나타났다.

감염 의심자들이 대규모 집회나 금지된 대면예배에 참가하고 동선을 숨기고 거짓말을 함으로써 공공의 안녕이 위협을 받는 상황에서 자신의 행동이 타인에게 해를 끼친다는 것에 대해 깊이 이해하지 못하는 행위는 어떻게 해석해야 하나. 람 교수는 '이번 연구를 통해 사회적 동물인 사람은 자기 관련 학습보다 다른 사람에게 해를 입히는 행동을 회피하는 방법을 더 빠르게 배운다는 것을 확인했다'라며 '타인을 배려하는 행동을 보이지 못하는 사람들은 뇌의 특정 부분에 장애가 있다고 볼 수도 있을 것'이라고 덧붙였다.

『통찰과 역설』의 천공 선생은 '어떤 인물이 성인인가?'라고 묻는다면 타인에게 모범이 되면서 올바른 삶의 길을 제시해주는 사람이라고 말한다. 또한 남을 욕하거나 헐뜯지 않고 항상 겸손하며 남을 배려하고 존중해주는 이로서 만인에게 훌륭한 삶의 지표를 제공해주는 사람이라고 말한다. 돈 많고 개성 없는 사람은 싫다. 돈 많다고 우쭐대고 없는 사람 깔보는 사람들 보면 우습다. 부는 하늘이 내려준 것이지 다 자기가 잘나서 생겼다고 생각하면 안 된다. 자기가 아무리 노력한다고 한들 운때가 맞지 않으면 안 된다. 그렇게 우쭐댈 필요도 없다. 돈을 더 많이 가졌다는 것은 누군가의 에너지를 더 가지고 있다는 얘기이다. 본인이 왜 존재하는지, 왜 사는지에 대한 진지한 성찰 없이 돈만 쌓고 있는 것은 모래성과 같다.

예수님께서는 무엇을 먹을까, 무엇을 입을까의 염려는 하지 말라고 했다. 들의 백합화와 공중의 새들도 먹여살리는데 우리는 왜 먹고사는 것에만 목숨을 거는가. 그것 이상의 스케일로 살라고 불렀지만 여전히 더 많이 벌려고만 산다. 배부른 돼지보다 배고픈 소크라테스가 되자고 하면 너무 순진한 것일까. 서울대 암병원 종양내과 전문의인 김범석 선생은 『어떤 죽음이 삶에게 말했다』 책에서 수많은 암선고 환자의 임종을 보면서 다들 10년만 더 살고 싶다는 소리는 들었지만 10년 더 살면 무엇을 할 것인가 물으면 대답을 시원하게 하는 사람들이 없다고 했다. 삶을 오래 산다고 해서 행복하고 의미 있는 인생은 아닌 것 같다.

1995년에 대니얼 골맨(Daniel Goleman)이 저술한 『Emotional Intelligence』에서는 정서지능의 중요성을 강조하였다. 성공한 사람들은 지능보다는 인성이라는 요소가 더 중요하게 작용한다고 하면서 정서지능의 다섯 가지 구성요소를 제안하였다. '자기 정서지각, 자기 정서조절, 자기 동기화, 타인의 정서지각, 대인관계 조절'이다. 그동안의 주입식 교육은 암기하고 주어진 틀에서 생각하며 남을 돌아보지 않고 남을 누르고 올라가도록 하는, 엘리트를 양성하기 위한 교육이다. 그렇게 인성이 없는 사람들이 리더가 되면 그 조직은 제대로 돌아가지 않는다. 미국에 살면서 아이들 교육을 보면, 좋은 대학들은 공부만 잘한다고 합격시켜주지 않는다. 아이들의 인성이 제대로 형성되었는지, 리더십이 있는지, 사회봉사 등을 통해 사회를 좋게 만들기 위한 비전이 있는지를 본다. 한국은 그저 자신만 잘되면 된다는 교육으로 인해 갑질이 나오고 철저한 엘리트 의식으로 남을 깔보는 것이 몸에 밴 것 같다. 이제는 남을 섬기고 도울 수 있는 부스터형 리더십이 나와야 할 때이다.

부스터형 리더십의 핵심은 다음과 같다. 나는 아래 중 몇 개나 해당되는지 점검해 보자.

○ 비전과 목표가 명확하다.
○ 타인과 공감할 수 있는 능력이 있다.
○ 언제든 남을 도울 준비가 되어 있다.
○ 사회와 환경을 좋게 바꾸는 데 기여하고 싶다.
○ 창의적이다.
○ 조직원의 탤런트를 찾아보고 조직에서 필요한 부분에 역량을 연결시킬 수 있는 손이 있다.
○ 통찰력이 있다.
○ 소통하고 경청한다.

『타인의 힘』의 저자인 헨리 클라우드는 그의 저서에서 자신을 지지해주는 지원군이 있는 사람들이 목표를 더 쉽게 달성할 수 있다고 한다. 환우 커뮤니티에 가입한 사람들이 높은 호전율과 낮은 재발율을 보인다고 한다. 당신이 자신의 성장과 특정한 목표를 향해 나아갈 때 내부의 동기와 힘으로만 갈 수는 없다. 당신을 서포트해줄 사람을 찾는 것이 좋다. 또한 당신도 남들이 자신의 꿈과 목표를 이룰 수 있도록 도와야 한다. 인간은 그렇게 디자인되어 있다. 남에게 도움을 받아 성장하고 꿈을 이루고, 그리고 나도 그렇게 해야 한다.

양자물리학에서 보는 개인 간의 관계는 상호역동적이며 나 혼자만으로 살 수 없다는 것을 보여준다. 보프가 말하는 새로운 과학적 우주론은 물리학자 베르너 하이젠베르크(Werner Heisenberg)가 제시한 '비결정성(非決定性)의 원리(원자 입자는 인과적 논리를 따르지 않고 개연성의 비결정 원리에 의해 형성된다)', 물리학자 닐스 보어(Niels Bohr)가 제시한 '상보성의 원리(현실은 음과 양, 여성적인 것과 남성적인 것, 부정적인 것과 긍정적인 것 등이 서로를 보완하며 동시에 존재한다)'에 기초한 우주론을 의미한다. 이 이론에 따르면 복잡하게 얽힌 우주는 역동적이며, 그 안의 모든 것들은 서로 관계되어 연루되어 있고 어떤 것도 우주 밖에 존재하지 않는다. 인간 역시 진공적인 존재가 아니라 사회적 존재이며, 서로의 역동성에 의해서 에너지를 주고받으며, 좋은 영향도, 나쁜 영향도 줄 수 있는 존재이다. 심리상담사가 사람을 치유하는 것은 그가 가진 지식이 중요하기보다는 '관계'라고 한다. 관계에 치유력이 있다고 한다. 나 또한 나를 위로해주고 격려해주는 사람을 만났을 때 성장한다. 자신에게 그런 부스터(Booster)를 만나는 것이 중요하다. 상대에게 디딤돌 역할이 되어주는 것을 나는 부스터(Booster)라고 부른다. 앞으로 우리 사회에도 이런 부스터가 많이 나와야 하지 않을까 생각이 된다.

정보와 학습은 에너지를 발생시킨다고 헨리 클라우드는 말한다. 새로운 정보와 학습은 여러 방법이 있지만 다양한 사람들을 만나는 연결을 통해서도 가능하다. 자기 분야 외의 사람들을 보면서 새로운 각도에서 생각하면서 통찰력과 창의성을 가질 수 있다. 팀에 새로운 사람이 들어옴으로써 집단사고의 단점을 극복할 수 있다. 어떤 사람을 만나다보면 기를 빼앗기고 만난 뒤에 에너지가 빠져나감을 느끼게 하는 사람이 있고, 반면 만난 뒤에 긍정의 에너지가 넘치게 하는 사람이 있다. 이는 사람 사이에도 에너지의 출입이 있고, 여러분의 성장을 위해서는 여러분에게 에너지를 주는 사람을 만나야 성장을 할 수 있다는 것이다. 또한 여러분이 많은 에너지를 가지고 있으면 절망한 사람들에게 그 에너지를 나눠줄 수도 있다. 그러므로 여러분은 남을 부스트하기도 하고, 부스트당하기도 하는 사회적 존재이다.

주는 게 남는 장사이다. '적선지가 필유여경(積善之家 必有餘慶)'은 『주역』의 「문언전(文言傳)」에 나오는 구절인데, 그 의미는 '선을 쌓은 집안에는 반드시 경사가 찾아온다'는 뜻으로 인생 최고의 덕목이 아닐 수 없다. 성경의 수많은 구절들이 나눔에 대한 것들이다. '네가 밭에서 곡식을 벨 때에 그 한 뭇을 밭에 잊어버렸거든 다시 가서 취하지 말고 객과 고아와 과부를 위하여 버려두라 그리하면 네 하나님 여호와께서 네 손으로 하는 범사에 복을 내리시리(신명기 24:19).'

젊은 시절부터 쌓아야 할 건 돈이 아니라 '선(善)'이다. 선을 쌓으면 돈은 자연히 따라오게 되어 있는 게 인생살이의 깊은 교훈이다. 나누는 사람이 돈 걱정하는 것은 본 적이 없다. 적어도 부자는 아니더라도 마음이 부자이고, 사사로운 재산에 연연하지 않는 것

자체가 부자인 것이다. 누군가는 '운은 하늘의 사랑과 귀여움을 받는 것이다'라고 했다.

미국의 팀 켈러 목사는 '재산을 독점적인 개인 소유로 치부하는 자세는 하나님을 거스르는 죄가 될 수 있다'고 명확하게 밝혔다. '떡덩이를 비롯한 갖가지 자신의 재물을 가난한 이들과 나누지 않는 게 불의이고, 곧 주님을 거역하는 죄악이며 결국 그분의 공의를 짓밟는 행위'라고 했다. 성경의 관점에서는 부를 청지기의 자격으로 관리하는 것이지 이 부를 우리가 깔고 앉으면 안 된다.

연결의 세계와 데이터 경제 시대의 인간형에 대한 책 『호모 엠파티쿠스』의 저자 최배근 교수는 '호모 엠파티쿠스(공감형 인간)'은 구체적으로 '교감성(Associability)을 갖춘 인간'이라고 말한다. 이를 위해 다양한 종류의 인간적·사회적 관계를 형성할 뿐만 아니라 자신의 필요를 능동적으로 제안하고 구성해나갈 수 있는 능력을 가진 존재가 되어야 한다는 것이다. 이는 산업사회에서 혼자만 잘하면 되는, 파편화된 개인의 삶과는 대조적이다. 기존에는 자기가 맡은 부분만 잘하면 되는 사람이 필요한 사회였지만, 이제는 다른 분야들을 연결하여 큰 그림을 만들어낼 수 있는 사람이 필요하다.

우리의 정체성 속에는 고조선의 건국이념인 '홍익인간'이라는 DNA가 있다. 널리 인간을 이롭게 한다는 뜻으로, 세계에 민폐를 끼치고 위협하는 국가가 아니고 평화를 도모하고 실력을 키워 남을 도울 수 있는 국가가 되는 것이다. 일찍이 백범 김구 선생이 말한 '내가 원하는 나라'에서 말씀하신 비전이 최근에 혼란한 국제질서 속에서 우리가 가야 할 길이 아닌가 생각된다. 김구 선생은 '우리의 부력(富力)은 우리의 생활을 풍족히 할 만하고, 우리의 강력(强力)은 남의 침략을 막을 만하면 족하다. 오직 한없이 가지고 싶은 것은 높은 문화(文化)의 힘이다. 문화(文化)의 힘은 우리 자신을 행복되게 하고, 나아가서 남에게 행복을 주겠기 때문이다'라고 하였다. BTS와 「기생충」 영화를 통해 전 세계를 한류 열풍에 빠지게 한 문화의 힘을 우리는 이제 가졌으니 문화국가로서 좋은 영향력을 펼쳐야 한다.

11.
새로운 라이프 스타일로서의 부스터

우리는 4차 산업의 도래와 팬데믹을 맞아서 새로운 라이프 스타일이 요구되는 사회에 살고 있다. 경제양극화, 일자리 감소, 수축사회, 환경오염 등으로 새로운 지속가능한 라이프를 찾아야 한다. 부스터로서의 라이프 스타일을 제안한다. 이러한 라이프 스타일을 제시하기 위해서 기존에 지나간 라이프 스타일을 되짚어보고자 한다.

『인문학, 라이프 스타일을 제안하다』의 저자 모종린은 현대 물질주의의 사회에서 자신만의 개성으로 살아가는 사람들이 없다고 하면서 물질과 나와의 관계를 재설정함으로써 개성 있는 라이프 스타일을 살아갈 수 있다고 제안한다. 이 책에서는 6개 유형으로 분류한다. 서구 라이프 스타일이 부르주아(18~19세기)에서 보헤미안(19세기 초), 히피(1960년대), 보보(1990년대), 힙스터(2000년대), 노마드(2010년대) 순으로 이동했다고 한다. 부르주아를 제외하면 물질주의의 대안으로 만들어진 라이프 스타일들이다.

각 계층의 특징을 살펴보면 다음과 같다.

• 보헤미안은 예술과 자연에서 물질의 대안을 찾는다.

- 히피는 본격적으로 물질주의에 반기를 들고 적극적으로 자연과 커뮤니티 가치를 추구한다.
- 보보('부르주아(Bourgeois)'와 '보헤미안(Bohemian)'의 합성어로, 진보 가치를 추구하는 기업가나 고소득 전문직을 뜻한다)는 부르주아와 보헤미안의 변증법적 결합을 의미하며, 보보에게 가장 중요한 탈물질은 인권, 환경, 그리고 사회적 책임이다.
- 힙스터는 히피 운동의 후계자로 볼 수 있으며, 도시에서 독립적이고 창의적인 경제 영역을 구축한다. 힙스터에게 중요한 가치는 창조적인 방식으로 대량 생산, 대량 소비의 대안을 모색하는 것이다.

노마드는 공유 경제의 부상으로 확산되었으며, 이동성에서 자신의 정체성을 찾는다.

이 중에서 가장 적극적으로 물질과의 공존을 추구하는 것은 보보다. 노마드는 공유적 생산과 소비를 통해, 즉 새로운 방식으로 물질적 성공을 추구한다.

미니멀 라이프는 무소유는 아니지만 소유를 최소화하고 심플하게 소유하고 사는 방식이다. 최근에 밀레니얼 세대 중심으로 많이 확산된 듯하다.

필자가 제안하는 부스터형 인간형은 포스트 팬데믹과 4차 산업을 맞아서 나도 성공하고 너도 성공하고 환경도 보호하는 삼박자 부스팅 인간형이다. 또한 노마드 라이프와 미니멀 라이프의 양식도 접목한다. 필요하면 예술가적인 보헤미안의 삶과 힙스터 같은 라이프 스타일과도 접목할 수 있다. 프랑스의 철학자 들뢰즈는『천

개의 고원』에서 노마드의 논리를 전개한다. 인류는 정착한 시기보다 유목한 시기가 훨씬 길었고 유목적 방식은 지금도 유효하고 중요한 역할을 맡고 있으며 디지털 노마드족으로 진화했다. 세상은 탈주와 접속의 반복을 통해 존재한다. 들뢰즈의 노마드는 급속한 변화에 직면한 우리에게 공부의 새로운 길을 제시한다. 기존의 지식에서 탈주하라는 것, 새로운 접속을 통해 차이를 만들어내라는 것이 그것이다. 노마드적 삶은 무정형적이다. 그것은 자유롭게 떠돌면서 횡단할 것을 권유하며, 기존의 영토에 집착하지 말고 저항할 것을 요구한다. 한마디로 열린 지식의 상태를 추구하는 것이다.

포스트 코로나 시대에는 나와 남, 환경을 부스트하는 리더십이 필요하다. 부스터 리더십은 혼돈과 어둠 속에서 빛과 길을 만들어 주는 사람이다. 이순신 장군같이, 백종원같이, 강형욱같이 암울한 현실에 돌파구를 마련해 주는 사람이 필요하다. 이 시대에는 프레임을 새로 짤 수 있는 사람이 리더이다. 기존의 전통적인 권위는 사라지고 권력은 민주적으로 분산된다. 인터넷과 SNS의 발달로 권위는 오프라인에서 온라인 공간으로 이동하고 있다. 눈에 보이는 감시의 시대는 끝났다. 자발성을 유도할 수 있도록 동기부여를 할 수 있고, 비전을 제시할 수 있으며, 마음을 움직일 수 있는 리더가 필요하다.

과거의 리더십은 한 공간에 사람들을 모아놓고 권위를 이용했던 공간의 리더십이었다. 쌍방향의 민주적 소통이 전제가 되고 수평적인 구조가 되면서 조직의 리더가 권위로 다스리는 시대는 지나갔다.

학교, 교회, 회사 등 모든 조직의 수직구조는 해체되고 있다. 온라인 상에서는 누구나 평등하다. 다수가 한 명을 쳐다보는 것이 아니라, 우리는 모두 동등하게 서로를 쳐다보는 수평구조가 되었다.

책 『미래 인문학 트렌드』(박성원 외 9인 공저)에서는 결국 철학과 인문학이 필요한 시대이며 현대인을 고통과 두려움으로부터 해방시키는 역할을 하는 것이 인문학이라고 한다. 인문학적 소양을 가진 리더가 필요하다. 남들이 돈을 좇아 사니 나도 그래야 될 것 같은 불안감에 나도 아무 생각 없이 남들처럼 살려고 한다. 무한 경쟁의 사회에서는 내가 경쟁에서 지지 않으려면 남을 밟고 올라서야 한다는 강박관념에 빠진다. 타인을 인간으로 대우하지 않는다. 갑질 문화는 한국 사회의 병적인 모습의 단면이다. 이러한 착취문화를 타파할 부스터형 리더십이 필요하다.

이제는 남을 도울 수 있는 부스터의 라이프 스타일이 나와야 하겠다.

쉬어가는 페이지

"그들은 해답을 보지 못하는 게 아니라 문제를 보지 못한다."

- 길버트 키스 체스터턴(1874~1936)

<말의 힘>

나는 깨달았다
단 한 사람이나
단 한 사람의 말이
순식간에 우리를
지옥으로 떨어뜨릴 수도
그리고 도저히 불가능해 보이는 정상으로
올려놓을 수도
있다는 것을

- 체 게바라(1928~1967)

> "과거를 지배하는 자가 미래를 지배하고,
> 현재를 지배하는 자가 과거를 지배한다."
>
> - 조지 오웰, 『1984』 중에서

어머니가 물었다.

"왜 그러니, 존? 왜 그래? 여느 새들처럼 사는 게 왜 그리 어려운게냐, 존? 저공비행은 펠리컨이나 알바트로스에게 맡기면 안 되겠니? 왜 먹지 않는 게냐? 애야, 비쩍 마른 것 좀 봐라!"

"비쩍 말라도 상관없어요, 엄마. 저는 공중에서 무얼 할 수 있고, 무얼 할 수 없는지 알고 싶을 뿐이에요. 그게 다예요. 그냥 알고 싶어요."

조나단은 생각했다. '이제 살아갈 이유가 얼마나 더 많은가! 단조롭게 낚싯배를 왔다 갔다 하는 것 이상의 사는 이유가 생겼지! 우린 무지에서 벗어날 수 있어. 우수하고 지적인, 기술이 뛰어난 우리 자신을 발견할 수 있다고. 우린 자유로울 수 있어! 비행하는 방법을 배울 수 있어!'

- 리차드 바크, 「갈매기의 꿈」 중에서

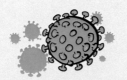

부스트하기

01.
나를 부스트

(1) 삶의 의미 찾기(Purpose)

피터 드러커의 책『프로페셔널의 조건』에서 '당신은 죽은 뒤에 어떻게 기억되기를 원하는가'가 질문의 시작이었다. 삶을 생각 없이 닥치는 대로 사는 것이 아니라 결말을 미리 생각하고 서론, 본론을 준비해야 한다. 안 그러면 인생은 화살처럼 날아간다. 부스트에서 제일 중요한 것은 삶의 이유, 삶의 목적, 삶의 의미를 찾는 것이다. 이것이 전제되지 않으면 모래성 위에 집을 짓는 것과 같다. 남들이 아등바등 사니깐 나도 뭔지 모르고 따라가면 안 된다. 어릴 적 읽었던 트리나폴러스의 「꽃들에게 희망을」이라는 동화에서처럼 우리는 애벌레들처럼 상대를 밟고 올라가면서 하늘 구름 위로 올라가려 한다. 그 위에 뭐가 있는지 궁금해서일까, 아니면 남들이 그렇게 다 올라가서일까. 막상 다 올라가보고 나면 그 위에는 아무것도 없다. 미끄러져 다시 떨어지거나 다른 벌레들에게 밟힐 뿐이다.

우리는 태어나면서부터 경쟁 속에 살면서 '왜'라는 질문을 할 시간이 없이 산다. 시간이 있을지라도 귀차니즘에 의해서 '왜 사는지'에 대해서는 고민할 필요도 없다고 생각한다. 오늘도 내가 해야 할 일들이 산더미처럼 있고, 그렇게 일주일, 한 달, 일 년을 살다 보면 죽을 때가 되는 것이다. 나는 살면서 이런 고민을 지속적으로 하고 사는 사람들을 많이 보지 못했다. 종교를 가지고 신앙생활을 하는 사람들 중에서도 구도의 길을 찾는 사람은 흔치 않다. 그게 우리 소시민의 삶이 아닐까. 어떤 사람은 직업에 대한 사명감에서, 어떤 사람은 신념과 꿈을 통한 성취의 과정에서, 또 어떤 사람은 신앙에 대한 실천과 소명의식 등에서 인생의 목적을 찾는다. 그러나 대다수의 사람은 아무 목적 없이 흘러가는 대로 산다. 다사다망하여 목구멍이 포도청인 사람에게 행복이나 진리 추구 등은 사치인 것이다. 그러나 분명한 것은, 진지하게 삶에 대해 고민해야 행복에 도달할 수 있다는 것이다.

우리는 스스로 잃어버린 것을 느끼지 못할 정도로 무덤덤해졌다. 예컨대 공동체, 소속감, 연대 의식 그리고 몰입과 열정 등이 지닌 의미도 모른 채 살아가고 있다. 오늘날 우리는 '이상'이 없는 상태로 삶을 지속하며, '시민'이 무엇인지도 모른 채 시민으로 살아간다. 지금 우리는 기술 발전에 열을 올리며 첨단을 향해 가고 있다.

동시에 원인 모를 불안과 지속적인 자기표현 또한 극에 달하고 있다. 철학자 강신주는 자본주의를 통제하지 못하면 우리는 시간이 흐를수록 내가 좋아하는 것을 하는 사람이 아니라 획일화된 노예로 전락한다 했다.

한 연구진에 의해서 소득과 행복의 상관관계가 밝혀진 바 있다. 연 75,000불 이상의 소득을 넘으면 행복지수는 더 이상 상승하지 않는다는 것이다(Kahneman and Deaton, 2010). 논문의 발표가 2010년이라 인플레이션으로 인한 금액의 상승도 있겠지만 여기서 보여주려는 포인트는 어떤 임계점을 지나면 행복감은 선형적으로 계속 상승할 수 없다는 점이다. 최근에 주식투자, 부동산 투자로 전 국민이 로또처럼 대박을 기대하지만 부에 대한 탐욕은 끝이 나지 않는다. 리처드 이스털린(Richard Easterlin) 미국 USC대 경제학 교수가 발표한 이론에도 소득이 일정 수준을 넘어 기본 욕구가 충족되면 소득이 증가해도 행복은 더 이상 증가하지 않는다는 가설이 있다. 이것이 '이스털린의 역설'이라 불린다.

데일 카네기는 다음과 같이 말했다. '행복의 첫 번째 조건은 내게 일어난 모든 사건이나 상황을 긍정으로 해석하는 것이다. 행복하게 산다는 것은 부정적인 감정보다는 긍정적인 감정이 넘치는 것을 말한다. 같은 장소에서 같은 일을 하며 명성과 재산까지 같은 두 사람이 있어도 이들 중 한 사람은 행복하고 다른 한 사람은 불행하다. 그것은 이들의 마음가짐이 다르기 때문이다.'

결국 행복은 물질적인 것도 있지만 정신적인 것이 더 크다.

대신 나를 위한 부와 명예를 쌓기보다는 남을 위해 사는 것이 훨씬 행복 만족도도 높고 자기성취도도 크다는 주장이 대세이다. 애덤 그랜트(Adam Grant)는 세계적 베스트셀러『주는 사람이 성공한다, 기브앤테이크(Give and Take)』에서, 개인이 남을 위해 가장 많이 기여하는 사람, 즉 '베푸는 사람, 기버(Giver)'가 될 때 정상의 위치로 올라간다고 언급한다. 반면 '테이커(Taker)'는 남들로부터 최대한 많이 챙기려는 사람이고, '매처(Matcher)'는 주는 만큼 받기를 원하는 사람으로 공들인 만큼 성공하기 어렵다고 한다.

물질과 시간, 자신의 탤런트로 인간의 유형을 나누어 보았다. 다음 표처럼 종교가 있든 없든 부스터형 인간형의 자세는 대인배이고, 앞으로 21세기의 지구를 위해, 인류를 위해 필요한 인간형이다. 문제는 종교가 있지만 기복적으로 믿는 A형 인간이다. 이기적인 집단이 되어서 남도 위하지 않으면서 종교적인 맹목에 빠져 남들에게도 피해를 줄 수 있는 인간형들이다. B, D형 인간이 되어야 하지 않을까. 다시 한 번 자신을 돌아보고 나는 어디에 속하는지 찾아봐야 한다.

종교 유무	부스터자세 유무	물질	시간	탤런트
종교 있는 경우	기복형 인간 (A형)	물질이 최고의 인생목표. 나만 잘 먹고 잘살면 됨. 일부만 종교기관에 헌금	다 내 시간, 일하고 나머지는 레저로, 가끔은 종교 행사 참석	다 내가 잘나서 또는 부모 잘 만나서, 내가 노력해서 얻은 것, 공부해서 남 주나 정신으로 나만 출세하면 끝
종교 있는 경우	제대로 믿는 경우 (유신론적 부스터형 인간) (B형)	신이 주신 것, 그러므로 우리는 청지기로 관리, 필요할 때 남을 위해 기꺼이 씀	신이 주신 것, 그러므로 우리는 청지기로 관리, 필요할 때 남을 위해 기꺼이 씀	신이 주신 것, 그러므로 우리는 청지기로 관리, 필요할 때 남을 위해 기꺼이 씀
종교 없는 경우	세속적인 사람 (C형)	물질이 최고의 인생목표. 나만 잘 먹고 잘살면 됨. 못 사는 사람들은 다 자기 책임	다 내 시간, 일하고 나머지는 레저로	다 내가 잘나서 또는 부모 잘 만나서, 내가 노력해서 얻은 것, 공부해서 남 주나 정신으로 나만 출세하면 끝
종교 없는 경우	무신론적 부스터형 인간 (D형)	나의 노력도 있지만 여기까지의 과정은 남들의 희생 덕분, 그리고 운이 좋았음	나의 노력도 있지만 여기까지의 과정은 남들의 희생 덕분, 그리고 운이 좋았음	나의 노력도 있지만 여기까지의 과정은 남들의 희생 덕분, 그리고 운이 좋았음

사람들이 삶을 대하는 자세 유형들로 나눈 인간형

일상의 단조로움이나 권태를 이기지 못해 많은 사람들이 삶 자체를 소모적이고 파괴적으로 만드는 술이나 도박, 여흥을 찾는데 오히려 행복은 일상의 단조로움을 이겨내는 가운데 다가온다고 한다. 러셀은 현대에서 가장 심각한 문제 가운데 하나가 '신경의 피로'라고 말한다. 격렬한 노동, 근심걱정, 대인관계에서 오는 스트레스, 자극에 대한 집착, 불만족 등이 신경쇠약을 유발하며, 삶에 대한 불안과 두려움은 심신의 피로를 가중시킨다는 것이다. 요즘 공황장애 환자들이 증가하는 것도 이와 무관하지 않다.

고대 그리스에서 행복의 철학을 제일 깊이 있게 설파한 철학자 아리스토텔레스에 따르면 행복(eudaimonia)은 '잘 사는 삶과 잘 하는 행위'라고 한다. 그는 행복이 '완전하고 자족적인 무엇'이며, 바로 이것이 '행위의 목적'이라고 보았다. 잘 사는 것은 매 순간 우리의 선택에 달려 있다.

인간은 태어나서 먹고 살기 위해 열심히 일하고 돈을 번다. 그러나 돈을 벌어 먹고 살 만해도 거기서 그치지 않고 계속 돈을 번다. 배부른 개, 돼지보다는 배고픈 소크라테스가 낫다는 존 스튜어트 밀의 말처럼 우리는 탐욕적인 자본주의에 길들여져 사는 모습을 다시 돌아보아야 한다. 돈은 에너지이다. 그만큼 쓰는 사람에 따라서 좋은 에너지로 쓸 수도 있고 나쁜 곳에 에너지를 쓸 수도 있다. 열역학 법칙으로 보면 모든 것은 에너지로 환산할 수 있다. 우리의 노동의 가치는 에너지로 저장되어서 재화들이나 서비스에 녹여져 있다. 돈을 많이 가진다는 것은 그만큼 많은 에너지를 소유한다는 것이다. 에너지가 많다는 것은 그만큼 그로 인한 여파가 큰 것이며, 좋은 쪽으로든 나쁜 쪽으로든 큰 파장을 만들 힘을 가지고 있다.

법정스님은 '산다는 것은 무엇인가. 숨 쉬고 먹고 자고 배설하는 것만으로 만족한다면 짐승이나 다를 게 없다. 보다 높은 가치를 찾아 삶의 의미를 순간순간 다지고 그려냄으로써 사람다운 사람이 되려는 것이다'라고 하면서 나눔의 기쁨으로 살아야 사는 기쁨이 생긴다고 했다. 최근 혜민스님의 풀소유로 논란이 많아졌지만, 법정스님의 '무소유' 정신은 아직도 우리에게 울림을 준다. 법정스님은 잘 쓰기 위해 많이 맡아 갖고 있는 것은 좋은 일이라고 했다. 그러나 잘 쓰지도 않고 묵혀두는 것은 죄악이다. 남이 가질 몫까지 가지고 있기 때문이다. 그만큼 돈에는 책임이 따르는 에너지가 담겨 있다. 법정스님은 '죽음을 두려워할 것이 아니라 녹스는 삶을 두려워해야 한다'라고 했다. 코로나로 인해서 생과 사의 경계가 불분명해지고 죽음의 일상성 앞에서 우리는 더 진정 삶의 의미와 목적을 돌아보고 자신의 삶이 방향성을 잃지 않고 녹슬지 않도록 노력해야 한다.

톨스토이의 말처럼 '30분 후에 죽는다는 걸 아는 사람은 사소한 일이나 바보같은 일 그리고 무엇보다 나쁜 일을 하지 않을 것은 분명하다. 죽음을 기억하면서 거꾸로 인생을 사는 것도 좋다. 당장 내일 죽는다면 오늘의 삶은 진짜 의미 있는 삶을 살 것이고 그것들이 모여 인생이 되는 것이다.

나는 드라마를 잘 보지 않는다. 시간이 아깝고, 특히 한국의 드라마는 세속적이고 막장이라서 시간이 아깝다는 생각을 많이 했다. 하지만 팬데믹이 오고 나서는 지루한 시간을 때우기 위해 아내와 같이 남들이 재밌다는 드라마들을 하나씩 보고 있다. 최근에

본 드라마 중에 가장 인상적이고 메시지가 있는 드라마는 「낭만닥터 김사부 1·2」이다. 평소 병원 소재 이야기는 좋아하지 않는다. 너무 의사라는 직업에 대한 환상과 엘리트 의식에 빠진 사람들은 일반 사람들의 현실과 괴리감이 있다고 생각했었다. 그러나 「낭만닥터 김사부」는 많은 것을 느낄 수 있는 계기가 되었다.

김사부는 자신이 의사라는 소명을 가지고 권력과 정치, 부조리와 싸우면서 신념대로 사는 의사이다. 마치 예수님처럼 제자들도 키우면서 세상이 썩어도 소금처럼 사는 삶을 몸소 보여주고 후배 의사들에게도 모범이 되는 삶을 살고 있다. 가장 기억에 남는 대사 중 하나가 '열심히 일하는 것도 좋지만 왜 사는지, 어떻게 살지 고민하면서 살자'라는 말이다. 현대인들이 불나방처럼 돈에 쫓겨 명예에 쫓겨 살지만 진정한 자아를 찾지 않고, 삶의 의미도 고민하지 않은 채 사는 사람들의 허망함을 질타하는 말이다.

낭만닥터에 나오는 극중 인물들 중에 나는 어디에 속할까? 극중에는 자기의 이익과 명예를 위해 수단과 방법을 가리지 않는 도원장(도이사장)과 그를 쫓는 기회주의자들이 있고, 선악을 왔다갔다 하는 사람들, 김사부와 같이 자기의 신념대로 사는 사람들, 여러 스펙트럼의 사람들이 있다. 우리는 어떤 모습일까? 나는 어디에 있을까? 아마 중간 그 어디에 있지 않을까 생각한다.

김사부가 '엣지 있게 개성 있게' 살라고 한다. 그것은 삶의 의미를 깨닫고 그 의미를 통해 삶의 방향을 정했을 때 그렇게 살아지는 것이다. 우리는 우리의 개성을 잃고 산다. 남들이 큰 아파트에 살고 큰 차를 타는 것을 부러워하며 삶의 목표로 삶는다. 불나방처럼 자신이 가까워지면 영혼이 불타는지도 모르고 밤낮없이 살고 있다. 낭만닥터 김사부는 삶의 의미를 통해서 낭만스럽게 개멋을 부리면서 살자고 말하고 있다.

'열심히 사는 건 좋은데 못나게 살진 맙시다. 사람이 뭣 때문에 사는지 알아야 되지 않겠습니까.'

또한 수간호사 선생님이 말한 대사도 명언이다. '남의 정답만 맞추려고 하니깐 힘들다. 내가 찾는 정답이 중요하죠' 남의 틀에 박혀 그 틀 안에서 고민하는 것은 양자택일적이고 이분법적이다. 내가 내 답을 찾아야 한다. 인생의 갈림길에서 남들의 기준에 따라 살 것인가, 내가 생각한 기준대로 살 것인가 고민해야 한다. 평생 남의 시선과 가치로 산다면 죽을 때까지 남의 시선을 맞추어 살다가 가는 것이다.

병원 소재 드라마라 수많은 죽음이 일상적으로 보여진다. 살아 있다는 것과 죽는다는 것이 경계가 없다. 수많은 죽음을 보여주면서, 우리도 언젠가 죽는다는 사실을 보여주면서 과연 어떻게 사는 삶이 괜찮은 삶인지 보여주고 있다. 우리가 죽음을 전제로 산다면, 아니 말기암 환자여서 3달밖에 못 산다면 우린 어떤 삶을 살 것인가. 더욱 주변을 돌아보고 평소 사소하게 생각한 것을 소중하게 생각하면서 살아갈 것이다.

김사부의 신념은 간단하다. '무조건 살린다'이다. 간단하면서 죽음 앞에서 환자들을 차별하지 않고, 돈 없다고, 돈 많다고 차별하지 않는다. 모든 환자는 치료가 필요하고 죽음 앞에서 평등하다. 차은재 선생이 다시 본원의 스카웃 제의를 뿌리치고 김사부가 있는 돌담병원에 남는 것은 소명을 따른 결정이다. 응급실 정인주 선생도 그렇게 남았다. 김사부는 남으라고 잡지 않는다. 단지 사람들의 삶의 의미를 찾아 주는 사람이다. 명예와 돈이 따르는 큰 길이 있고, 고생은 하지만 진짜 도움이 필요한 생명을 살리는 길이 있다. 되려 좁은 길이 힘들 거라고 설명해 주고 결정은 당신이 하라고 한다. 오늘날에도 우리에게 주는 질문이다. 바쁘게 앞만 보고 달리지 말고 왜 사는지, 어떻게 살 것인지 고민 먼저 하라고.

『죽음의 수용소에서』의 빅터 프랭클은 인간의 절망적 순간에도 '인생의 의미'를 찾는다면 우리는 살 수 있다고 했다. 2차대전 때 유태인 수용소에서 살아남은 그가 '로고테라피'를 개발하여 의미를 찾음으로써 고통을 이겨내고 상처를 치유하는 심리치료법을 만들었다. 우리는 고통스런 팬데믹의 순간에도 의미를 찾고 삶을 이어 나갈 수 있는 존재이다.

매슬로우의 욕구 5단계 이론은 너무 자주 인용되는 인간의 욕구 단계이다. 사람에 따라서는 동시에 추구하는 사람도 있고 단계별로 추구하는 사람, 단계를 뛰어넘는 사람들도 있을 것이다. 그러나 얼추 저런 단계를 밟고 올라가는 것 같다. 자아실현 욕구 위에 내가 한 단계 더 추가하자면, 이타적인 욕구와 영성에 대한 욕구를 추가하고 싶다. 존경받는 사람은 결국 이타적인 사람이고 또한 삶의 근원을 찾는 영성을 추구하고 구도하는 사람이기 때문이다.

키에르케고르(Kierkegaard)는 인간이 세 가지 단계로 발전한다고 하였다. 그것은 심미적, 윤리적, 종교적 단계이다. 첫 단계는 심미적 단계로서 감각적 쾌락을 추구한다. 자기만족의 쾌락을 추구하고, 먹고 입는 것의 1차적이고 본능적인 욕구가 해결되는 실존 단계이다. 이곳에서 인간은 욕구를 해결하고, 생활을 이룬다. 둘째 단계는 윤리적 단계이다. 쾌락만을 좇아 사는 것이 아니라 인간으로서 지켜야 하는 보편적 가치와 도덕규범에 따라 살아가는 것이다. 이 때 인간은 스스로 결정하고 책임을 질 수 있는 '도덕적 인간'이 실현된다. 마지막 단계는 종교적 단계로서 도덕적 단계에서도 해결할 수 없는 초월적인 존재의 요청이 이루어지는 단계이다. 즉, 신을 찾고 영혼에 대한 고민을 하고 영성을 추구하는 단계이다. 여러분은 어느 단계에 있는가? 매슬로우 이론이든 키에르케고르 이론이든, 우리는 고차원 단계로 나아가야 하고 '의미 있는 삶', '이타적인 삶'을 생각해야 한다.

매슬로우의 욕구 5단계

다음 표에서 보는 것처럼 젊을 때는 돈이 없고, 장년에는 시간이 없고, 노년기에는 힘이 없다고 한다. 그러나 그것은 여러분이 하기 나름이다. 사람들은 은퇴를 목표로 돈을 벌고 일에 젊은 시절을 바치지만 막상 노년에는 에너지가 없다. 그래서 나는 지금 은퇴한 것처럼 장년의 시기를 살려고 한다. 시간을 최대한 활용하여 일이 내 삶의 전부가 되지 않도록 하고, 취미생활과 봉사활동, 자기계발을 하고 있다. 필자가 쓴 『게으름의 경영학』에 나온 내용이다. 우리는 너무 이분법적으로 열심히 앞만 보고 살아가라는 주문으로 살아왔지만, 절벽으로 가는지 강물로 가는지 살펴보아야 한다. 요즘 젊은이들은 파이어(FIRE : Financial Independence Retire Early)족이라 하여 젊어서 은퇴하는 것을 목표로 삼지만 구체적인 은퇴의 목적과 의미가 없으면 무기력한 삶을 살 수 있다.

	청소년기	장년기	노년기
시간	O	X	O
돈	X	O	O
에너지	O	O	X

인생의 아이러니

이제 여러분의 숙제는 삶의 의미를 찾는 것이다. 내가 누구이고 왜 사는지 고민해야 한다. 오늘 to-do-list에 있는 것들을 지우면서 살다 죽을 수는 없다. 종교의 힘이든 철학의 힘이든, 구도자의 길은 죽는 날까지 탐구되어야 하며 그 고민에서 나온 방향과 의미로

탑을 쌓기 시작해야 한다. 이미 많은 종교나 성인들, 철학자, 인문학자들이 인생에 대해서 고민했으므로 독서를 하는 것이 시간을 줄여줄 것이다. 또한 '5 Why' 기법으로 꼬리에 꼬리를 무는 것처럼 삶의 목적의 목적의 목적을 계속 물어야 한다. 보통 인생의 목적을 돈 벌기, 아파트 사기, 박사학위 따기로 잡지만 그것은 목적이 아니라 하나의 목표이다. 왜 돈을 버는지, 그 돈으로 뭘 할지, 왜 버는지 계속 원인을 찾고 가장 위에 있는 원인을 만날 때까지 고민해야 한다.

삶과 세계에 의미를 부여하지 못하는 삶은 결국 인공지능이 제공하는 의미를 추종하며 가상세계에서나 살아갈 것이다. 정보나 지식에 의미를 부여하는 것은 결국 인간이다. '오늘날 많은 사람은 삶의 수단은 가지고 있지만 삶의 의미를 가지고 있지 않다'라는 빅터 프랭클(Viktor Frankl)의 말처럼, 우리에게 지금 필요한 것은 신화와 환상을 품고 자기 삶에 의미를 부여할 수 있는 힘이다.

(2) 나의 강점, 탤런트(Talent) 찾기, 핵심역량 개발하기

당신은 잘하는 것을 적어도 하나 이상 가지고 있다. 이제는 하나만 잘하면 먹고 사는 시대이다. 한국의 TV 프로그램 중 「생활의 달인」을 보면 별의별 직업에 숙련된 사람들이 달인이 되어서 신기한 묘기를 보여준다. 신께서는 사람들에게 적어도 하나 이상의 재능을 준다. 그러니 너무 걱정할 필요는 없다. 문제는 이러한 탤런트를 어떻게 빨리 찾아내는가이다. 기존의 교육제도로는 찾기가 쉽지 않다. 나도 한국에서 대학까지 마치고 40대까지 내가 좋아하는 것들을 알지 못한 채 흘러왔다.

자신의 탤런트와 창의성, 디지털기술, 통섭, 공감력이 합쳐지면 여러분은 4차 산업이 오고 팬데믹이 와도 생존할 수 있다. 이러한 역량들을 잘 찾아내고 활용할 수 있는 능력을 갖춰야 한다. 개인의 탤런트는 기업의 핵심역량(Core competency)과 같다. 가장 잘하는 하나가 있어야 한다. 우리는 이제부터 '내가 무엇을 잘하는지' 살펴보고, 그러한 탤런트를 찾고 이를 활용하기 위한 창의성, 디지털 기술, 통섭, 공감 능력 등을 살펴볼 것이다.

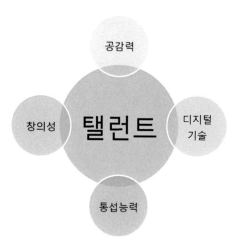

나를 부스트할 핵심역량들

① 새로운 교육이 필요한 시대

한국에서 대학교육까지 마친 나로서는 40세가 넘어서까지 내가 무엇을 좋아하는지 잘 알 수 없었다. 학창시절에는 그냥 우연히 수학을 좀 더 잘한다는 이유로 이과를 가고 우연히 화학공학을 전공하고 사람들이 '핫하다'고 하는 직업들을 하려 했었던 것 같다. 30대 초반에 미국에 이민을 가서 먹고 사느라 또 허둥지둥대다가 40대 중반 이민 생활에 자리를 잡을 무렵에 나의 진정한 적성과 좋아하는 것들, 잘하는 것들을 찾아낸 것이고 지금도 찾아가고 있다.

한국 교육은 근대 산업화 발전과정과 같이 사회에서 필요한 인력을 대량으로 찍어내는 개성 없는 교육이었고, 무조건 주입식으로 암기시키는 일방적인 교육이었다. 각 개인의 개성과 탤런트를 찾을 만한 여유를 갖고 있지 않았다. 이제는 아이들이 줄어들어 대학들이 망해가는 시기이다. 지방의 대학들이 줄줄이 문을 닫고 있다.

'큰 배움도 큰 물음도 없는 대학(大學) 없는 대학에서, 나는 누구인지, 왜 사는지, 무엇이 진리인지 물을 수 없었다…(중략)…깊은 슬픔으로, 공부만 잘하면 모든 것을 용서받고, 경쟁에서 이기는 능력만을 키우며 나를 값비싼 상품으로 가공해온 내가 체제를 떠받치고 있었음을 고백할 수밖에 없다.' 2010년에 고려대를 자퇴한 김예슬 학생의 말이다. 나를 상품으로 포장해서 잘 팔리도록 나를 노예화한다.

이제는 대기업들의 수명도 짧아지고 미국 'Fortune 500'에 속한 기업들의 순위가 순식간에 바뀌는 시대이다. 이 시기에 마냥 부족한 좋은 일자리만을 위해서 목을 매는 시대는 지나갔다. 앞으로의 교육은 자기 주도적으로 창의성을 기를 수 있는 교육을 해야 한다. 『호모 엠파티쿠스』의 최배근 교수는 아이들이 마음대로 놀면서 자기가 원하는 분야를 스스로 탐색하고 답을 찾도록 도와주는 역할을 해서 문제 해결 능력과 창의성을 길러줘야 한다고 한다. 학교는 아이들이 원하는 주제를 마음껏 탐구할 수 있는 장, 즉 마음껏 생각과 몸과 마음이 뛰어노는 놀이터로 변화해 매일매일 가고 싶은 곳이 되어야 한다. 기존의 학교는 건물로서의 권위를 가지고 지식을 전달하는 공간이었으나, 이제는 구글과 네이버에 답이 항상 존재한다. 홍익대 건축과 유현준 교수는 '이제 팬데믹을 통해서 기존의 물리적 공간 중심의 인간 문화는 패러다임 쉬프트가 될 것이다. 학교, 교회 등 모여서 하는 것들의 파괴가 시작된다'고 했다. 학교의 본질을 고민해봐야 할 때이다.

엘빈 토플러는 『부의 미래』라는 책에서 '무용지식의 시대'라는 말을 했다. 모든 지식에는 한정된 수명이 있게 마련이다. 어떤 지식은 어느 시점이 되면 더는 지식이 아닌 것이 되어 무용지식이 될 수도 있다. 기존의 정형화된 초·중·고·대학의 패러다임에서, 이제는 필요한 기술들을 즉시 교육할 수 있는 '마이크로 러닝'이 대세이다. Udemy, Coursera 등의 온라인 무료대학부터, 각종 대학이나 사설 기관에서 필요한 기술들을 가르친다. 비용도 공짜이거나 저렴하고, 기간도 몇 주에서 몇 달로 짧다. 대학 4년, 석·박사 기간 동안의 에너지와 시간은 이제 거의 무료이거나 단기간으로 비뀌었다. 최근 팬데믹으로 인해 사회전반의 패러다임이 비대면으로 바뀌면서 비즈니스도 비대면 기술들을 요하고 사업들도 디지털 전환을 요구하는 있는 상황에서 기존의 인력들은 발빠른 커리어 전환이 필요한 때이다.

하버드의 클라우디아 골딘(Claudia Goldin) 교수와 로렌스 카츠(Lawrence F. Katz) 교수는 저서인 『교육과 기술 간의 레이스(The Race between Education and Technology)』에서 교육을 통해 기술과 교육 간의 갭을 줄이는 것이 중요하다고 강조한다. 기술 혁명이 일어나면 기술과 교육의 갭으로 인해 교육 수준이 기술을 따라가지 못해 실업과 사회적 갈등이 폭발한다. 그러나 교육 제도 개편으로 갭을 줄이면 사람들이 교육을 받고 스킬을 획득해 일자리 및 소득이 늘어나면서 경제 성장이 이루어진다. 또다시 기술 혁명이 일어나 갭이 생기면 실업 등 사회적 고통이 발생하고, 이를 줄이기 위한 새로운 교육이 필요해진다. 미국은 이러한 기술과 교육의 갭을 교육 혁신으로 줄여 가면서 산업 시대 100년을 선도할 수 있었다. 이처럼 새로운 혁명의 시대에는 새롭게 부각되는 기술을 따라갈 수 있는 교육이 한시라도 빨리 전 국민적으로 이뤄져 갭을 메꿀 수 있어야 한다.

자기가 좋아하는 것들을 찾으려면 다양한 취미활동과 사회생활, 봉사활동, 갭이어 등을 권한다. 최근에는 부캐(부캐릭터의 준말), 멀티 페르소나 등 다양한 얼굴의 자아나 취미활동을 하는 직장인들이 늘고 있다. 주 52시간 근무로 인해서 자아가 좋아하는 것들을 탐구할 시간이 많아진 것이다. 또한 나만을 위한 것이 아닌, 남을 도울 수 있는 봉사활동도 좋고 갭이어를 통해서 해외에서 봉사활동을 하는 것도 추천한다. 그리고 이직이나 다양한 종류의 사회생활도 도움이 된다. 한 우물만 파던 시대는 지나갔다. 20대에 여러 경험을 할수록 30대나 40대에 자기가 좋아하는 것을 찾을 수가 있다.

보통은 자기가 좋아하는 일과 잘하는 일 중에 어떤 것을 해야 하는지 고민이 많다. 그리고 보통 잘하는 것을 하라고 추천을 많이 한다. 그러나 그 둘의 관계는 상호보완적이다. 이상적으로 처음부터 좋아하는 것만 찾을 수는 없다. 잘하는 일을 하면서 좋아하는 것을 병행하는 것도 방법이다. 일단 생계유지가 되어야 하므로 좋아하는 것을 유지할 기술도 필요하다. 그러나 결국 좋아하는 일을 계속 하는 것이 더 오래간다. 그러니 처음부터 자기가 좋아하는 일을 못 한다고 해서 너무 초조해지지 말자.

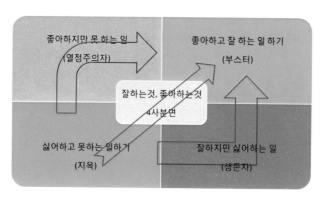

잘하는 것, 못하는 것 4사분면(이종찬) : 우리는 지옥에서 부스터로 가야 한다.
바로 못 가면 열정주의가 된든 생존모드로 가든 조금씩 걸어야 한다.

항상 새로움을 추구해서 자신을 확장하는 것이 좋다. 세렌디피티의 연결성이 필요한 시기이다. 우연한 만남으로 얻어지는 영감, 공감, 새로운 아이디어의 돌출 등이다. 우연한 사람들과의 만남, 책, 영화, 여행을 통해서 많은 영감들을 받을 수 있고 이것들이 쌓이다 보면 당신이 가야 할 길이 보인다. 어차피 당신의 인생은 남들이 걸어보지 않았으므로 정답이 없다. 남의 조언에 너무 귀를 기울일 필요가 없다. 나만의 소신을 가지고 걸어가면 그것이 길이 된다. 세상 사람들은 의외로 자기 분야, 자신의 인생 외에 아는 것이 없다. 다 모르기에, 어쩌면 선생이란 가장 많이 공부하고 있는 자라고 할 수 있다.

한 가지 일에 15분 이상 집중하지 못하는 현대인의 가벼움을 가리켜 '쿼터리즘(quarterism)'이라 한다. 그만큼 현대인들은 침묵과 고독 속에서 자신과 대화하는 시간을 잃어가고 있다. 사방에서 쏟아지는 강한 정보에 시시각각 반응하느라 우리 뇌는 현실의 느린 자극에는 응답하지 않는 '팝콘 브레인(popcorn brain)'이 되어가고 있다. 그래서 생각하는 근육을 키우기 위해 독서를 추천한다. 소설가 헤르만 헤세는 책에 대해서 이렇게 말했다. '그대에게 행복을 가져다주는 책은 없다. 그러나 책은 은밀하게 그대를 그대 자신 속으로 되돌아가게 한다. 책 속에서 자신을 발견할 수 있고, 지혜를 얻을 수 있고, 필요한 모든 것을 찾을 수 있다. 인간이 자연에서 거저 얻지 않고 정신으로 만들어낸 수많은 세계 중 가장 위대한 것은 책의 세계다.'

독서를 통해 지식의 양도 늘릴 수 있지만, 그보다 중요한 것은 독서를 통해서 얻을 수 있는 통찰력과 아이디어, 생각하는 근육, 메타인지(내가 아는 것과 모르는 것이 무엇인지) 등을 얻을 수 있다. 요즘은 종이책보다 디지털 책 또는 정기구독 무제한 독서 앱들이 있어서 시간과 장소에 구애를 받지 않고 독서를 할 수 있어서 너무 편하다. 또한 독서를 하다가 중요한 인용구들을 스크랩해서 휴대폰 노트에 옮기고, 책을 쓸 때나 필요한 주제로 강연을 할 때 요긴하게 쓰고 있다. 나의 경우에는 다양한 분야의 책들을 본다. 신학, 경제·경영, 철학, 역사, 문화, 과학 등 분야를 가리지 않는다. 공부할 때는 하이퍼텍스트(hypertext)적 공부를 통해서 영역을 넓혀나간다. 읽은 책이나 논문 뒤의 참고문헌을 찾아보기도 하고, 연구한 자료에 모르는 용어나 저서가 나오면 꼬리에 꼬리를 물고 공부하는 것이다.

최근 몇 년간은 4차 산업에 관심이 있어서 공부를 했었고, 그것이 쌓이니 제법 한 분야에 대한 식견이 생기고, 책을 쓰고 강의를 할 정도의 능력이 생겼다. 그리고 다양한 독서를 하다 보면 학문 특유의 통찰력으로 비슷한 개념을 여러 관점에서 볼 수 있으므로, 그것들이 모여서 입체적이고 컬러풀한 관점을 가질 수 있게 해준다.

자아를 탐구하는 시간에 에너지를 많이 들일수록 우리는 나만의 개성을 찾을 수 있다. 미래학자 짐 데이토(Jim Dator) 하와이대 명예교수와 서용석 박사는 최근 K-POP을 위시한 문화산업의 부흥으로 인해 한국을 '꿈의 사회(dream society)'에 진입한 세계 최초의 국가라고 얘기한다. '물질을 생산하고 소비하는 사회'가 아닌 '꿈과 이야기를 생산하고 소비하는 시회'로 평가했으며, GNP(Gross National Products, 국민총생산)가 아닌 GNC(Gross National Cool, 국민총매력)를 기준으로 한국을 높이 평가했다. GNC는 2002년도에 미래학자 더글라스 맥그레이가 사용한 단어로, 국가의 매력지수를 측정하여 삶의 양식, 가치관, 미적 감각, 문화, 철학, 이미지 등 무형의 활력요소를 사용해서 삶의 행복을 측정해야 한다는 개념이다. 이제는 GDP를 측정하여 빵만으로 사는 시대는 지나갔다.

이렇게 자아를 찾고 자아를 성장시키다 보면 물질적인 부로써 자신감을 가지는 것이 아니라 단단한 자아에 대한 확신과 개성이 있고 문화적 상상력을 할 수 있는 사람으로 성장할 수 있다. 김미경 선생은 앞으로 성공하기 위해선 '유니크니스(Uniqeness)'가 있어야 한다고 한다. 이제는 물질적인 부보다는 무형적인 자산인 창의성과 통찰력, 문화적 상상력, 남을 도울 수 있는 공감과 실천력이 필요한 시대이다. 물질이야 항상 인생에 있어서 왔다가 가기도 한다. 하지만 우리의 자아와 정신적 가치, 이상, 창의성, 통찰력은 지워질 수 없는 자산이 된다. 지금 주식이 뜬다고 주식에만 투자할 것이 아니라 우리의 정신적 가치와 지성적 사고를 위한 독서와 사색, 남을 도울 수 있는 공감, 그리고 사회에 이바지할 수 있는 자신에 투자할 때이다. 이러한 무형자산에 투자하면 복리로 늘어난다. 지식이나 취미, 봉사 등도 처음에는 보잘것이 없지만 임계점이 지나면 그동안 복리로 자란 것들이 순식간에 눈덩이처럼 늘어날 때가 올 것이다.

② 미래를 보는 통찰력 키우기

미래를 보는 눈을 키워야 한다. 미래학자인 최윤식 박사는 '세상에는 많은 리더가 있다. 하지만 모든 리더가 세상의 변화를 꿰뚫어 보는 것은 아니다. 그래서 소경이 소경을 인도하는 일이 비일비재하게 일어난다'고 한다. 소경이 소경을 인도하는 아이러니가 팬데믹을 통해서 여기저기 보이고 있다. 미래를 보는 예측의 핵심 능력에서는 사물과 상황의 본질을 꿰뚫어 보는 통찰력이 중요하다. 타고난 촉을 가진 사람도 있지만 훈련으로도 통찰력을 기를 수 있다. 최윤식 박사는 '먼저 많이 읽어야 한다'고 한다. 책은 새로운 생각과 아이디어를 촉진하는 '촉매'이다. 그래서 책을 읽는 동안에는 책을 읽어가는 데만 집중하기보다 계속 생각해야 한다. 독서를 단순한 책 읽기에 머물게 해서는 안 된다. 독서는 단순한 책 읽기가 아니라 학습이다. 독서는 마치 스펀지가 물을 빨아들이듯 책이 전달해주는 생각과 정보를 받아들이는 과정이지만, 동시에 편견을 제거하고 기존의 생각을 확장하고 새로운 생각을 만드는 과정이기도 하다. 그러니까 계속 생각해야 한다.

월스트리트에서는 '루비니-파버(Roubini-Faber)의 예측 함정'이라는 용어를 쓰는데 이것은 다음과 같다.

첫 번째 함정은 트렌드 분석에 따른 예측 함정이다. 현 시점에서 주도적 트렌드를 찾고 그 연장선상에서 미래를 예측하는 것은 기본적으로 현재 상황이 미래에까지 지속된다고 가정하는 것이다.

그러나 상황과 변수가 바뀌면 과거의 트렌드는 무용지물이다.

두 번째 함정은 심리적 편향에 따른 예측 함정이다. 예측자의 오랜 경험과 지식이 독특한 심리적 편향을 유발해 예측 모델을 잘못 설정하거나 자료를 편향적으로 선택하게 유도하는 것이다.

세 번째 함정은 고정관념이 가져오는 예측 함정이다. 과거 경험과 기존 예측 등이 고정관념으로 작용해 미래 예측에 새로운 정보, 변화, 방향성을 제대로 반영하지 못할 경우 나타나는 오류다. 일찍이 부동산으로 손해본 적이 없으니 앞으로도 부동산 투자는 매력적이라고 생각하는 부동산 불패 신화가 대표적인 사례다.

네 번째 함정은 자기과신에 따른 예측 함정이다. 자신의 예측, 실행, 판단 능력을 과신한 결과 잘못된 미래 예측에 빠지는 것으로 특히 전문가, 경영자에게 두드러지게 나타나는 현상이다. 자기 과신에 빠진 예측자가 자신의 정보량을 과대평가해 새로운 정보에 소홀해지거나 남의 말을 잘 듣지 않을 때 범하는 오류다.

다섯 번째 함정은 기억력에 의존하는 예측 함정이다. 과거 경험했던 재해나 극적인 사건을 지나치게 염두에 두고 미래를 전망한 결과 예측이 비관적·보수적으로 편향되게 흐르는 현상이다. 2003년 우주왕복선 디스커버리호의 폭발을 목격한 사람들은 우주개발사업을 비관적으로 예측했지만, 2008년 이후 일본, 중국, 인도 등의 국가는 경쟁적으로 달 탐사 위성발사계획을 발표했다. 본격적인 우주개발 경쟁시대가 열리고 있다고 낙관적으로 예측한 것이다.

여섯 번째 함정은 신중함에 기인하는 예측 함정이다. 예측자가 틀릴 것을 우려해 지나치게 신중을 기하면 자신의 원래 예상보다 보수적이거나 수요자의 생각에 부응하는 예측을 내놓는 경향이 높아진다.

현대사의 비극인 동시에 잘못된 유추의 유명한 예로 제2차 세계 대전을 준비했던 프랑스 군부를 들 수 있다. 프랑스군은 독일군의 공격에 대비하고자 동부전선에 마지노선같이 정교하고 값비싼 진지를 구축했다. 하지만 제1차 세계대전에서 패배했던 독일군은 다른 전략을 절실히 필요로 하고 있었다. 우선 공격의 첨병으로 보병이 아닌 탱크를 앞세웠고 탱크를 몇 개 부대로 나누어 진격함으로써 이전에는 탱크 기동에 적합하지 않다고 여겼던 숲 지역을 지나 마지노선을 돌파했던 것이다. 프랑스는 6주 만에 함락되었다.

최윤식 박사는 그래서 '미래 예측은 연결의 예술이다'라고 한다. 연결 관계를 잘 이해하는 통섭과 융합의 사고가 필요한 때이다. 최윤식 박사는 미래예측 전략을 4가지로 압축한다.

- 미래징후를 읽고 미리 준비하라.
- 최대한 많은 정보를 완벽히 파악하라.
- 다양한 가능성을 생각하고 가상의 시나리오를 짜라.
- 부분이 아닌 전체를 보고 행동에 임하라.

팬데믹처럼 사상초유의 사태가 생겨나면 사람들은 '멘붕'이 와서 멀리, 전체를 보지 못한다. 그럴수록 침착하게 전체를 보는 태도를 가져야 한다. 그리고 지금은 언제든 정보에 접속할 수 있다. 이런 시대에는 정보력의 차이가 아니라 통찰력의 차이가 생존을 결정한다. 혼돈 속에서 패턴을 찾아내고 통찰을 찾아내는 개인과 조직만이 성공할 수 있다.

『AI 시대, 인간과 일』의 저자 토머스 데븐포트, 줄리아 커비는 4차 산업 시대에는 다음과 같은 사람이 살아남을 수 있다고 한다.

- 다른 사람들은 난해해하거나 곤혹스러워하는 주제에 관심이 많다.
- 오랫동안(1만 시간 정도) 이 주제를 붙잡고 씨름해왔다.
- 다양한 수단을 통해 자신의 전문지식을 외부에 알려왔다.
- 자신이 하는 일 가운데 중요한 측면을 넘겨받은 컴퓨터 시스템은 없다고 알고 있다.
- 지금의 전문지식을 주로 혼자 개발했다. 이를 가르쳐주는 교육기관이 없다.
- 지금 하고 있는 일에 대한 자료가 그리 많지 않다.
- 여러 분야의 직무에서 자신의 전문지식으로 돈을 벌 수 있다.

미래를 보는 눈을 위해서는 사물을 깊게 보는 관찰력과 통찰력이 필요하다. 이제는 어디나 지식이 널려있고 보편화되어 있으나, 미래를 보는 혜안은 쉽게 찾을 수 없다. 적어도 인류의 지나간 발자취를 알고 앞으로 어떻게 변화될 것인가, 그리고 당위적으로 어떻게 바뀌어야 하는가 고민하는 사람이 혜안을 가질 수 있다. 공감 능력과 디지털 능력, 창의성도 미래를 보기 위한 눈의 영양소이다. 남들이 생각한 틀에 갇혀서 여기를 벗어나지 못하는 사람들이 대부분이다. 그러지 않으려면 부지런히 고민해야 한다. 나의 틀로 살 것인가, 남의 틀 안에서 살 것인가, 그것은 여러분에게 달렸다.

③ 통섭할 수 있는 능력

4차 산업 시대에는 한분야만 파서는 안 된다. 통섭할 수 있는 능력이 필요하다. 그러려면 우리는 경계에 있어야 한다. 철학자 김상근 교수는 '경계에 서는 것은 항상 사람을 불안하게 하는 요소가 있다. 또한 모호하기도 하다. 그러나 한쪽을 선택해 명료해지려고 하는 순간 개념과 이론에 갇히고 만다'고 한다. 퍼즐 하나만 봐서는 전체 그림을 볼 수 없는 시대이다. 한 우물만 파다가 물이 안 나오면 그 안에 갇히는 낭패를 맞을 수 있다. 모든 분야를 깊이 알수는 없지만 얇고 넓게도 알아야 하고, 자신의 전문 분야도 꼭 한두 가지 있어야 한다.

다산 정약용은 유배지에서 18년간 500여 권의 책을 썼다. 실학자, 저술가, 시인, 철학자, 과학자, 공학자이면서 통섭의 대가라고 말할 수 있다. 당시 주자학을 절대시하여 이기설·예론 등의 논쟁에만 골몰하던 학계의 현실을 개탄하고, 보다 참되고 가치 있는 경세치용의 실학을 추구하였다. 수원화성 건축 당시 기중가설(起重架說)에 따른 활차녹로(滑車轆轤 : 도르래)를 만들고 그를 이용해 거중

기를 고안하였다.『목민심서』,『흠흠신서』,『경세유표』등을 남겼다.
1801년 신유사옥이라는 천주교 탄압사건으로 유배형을 받게 되었
지만 이 18년이라는 세월은 그에게 통섭을 할 수 있는 '축적의 시
간'이 되었다. 지금 우리도 이 팬데믹을 의미 없이 보내는 사람도
있고 반대로 알차게 자기를 성장시키고 한 단계 도약할 수 있도록
노력하는 사람이 있다.

　불확실성의 시대를 사는 지금 우리는 어려운 상황을 극복할 수
있는 도전정신과 창의성이 필요하다. 유영만 교수는 맥가이버처럼
정답이 없는 상황에서 탈출하는 '지식의 연금술사'와 '실천적 지식
인'으로서 '브리꼴레르'가 필요하다고 말한다. '브리꼴레르'는 프랑스
어로 수공 일을 하는 사람이다. 우리는 한 분야만을 아는 전문가
의 통찰력으로는 복잡한 상황을 풀어낼 수 없다. 부분적으로 공부
한 전문가들만 있는 사회에서 리더는 전체를 볼 수 있는 전인
(Whole Man)이어야 한다. 지식은 '아는 사이'라고 유영만 교수는 얘
기한다. 중요한 포인트가 '사이'이다. 각 분야를 연결하여 이해할
수 있는 사람이 필요하다. 각자 다른 전문 분야를 말할 때 처음과
끝맺음을 하여 문제의 본질을 알고 핵심적 대안으로 정리할 사람
이 필요하다. 호모 디페랑스(Homo Differance), 즉 분야와 분야 사
이에 존재하는 차이를 연결하여 새로운 가치를 창출할 사람이 필
요한 시대라고 유 교수는 얘기한다.

　당신의 가치를 높이려면 '사이'를 연결하는 연결자가 되어야 한
다. 두 가지를 잘하는 전문가는 드물고, 서너 가지를 동시에 잘하

는 전문가는 더더욱 찾기가 어려워서 희소가치가 높아진다. 다양한 분야를 알고, 다양한 경험을 하고, 다양한 부캐를 가진 자가 성공하는 세상이 왔다. 나도 화학공학에서 경영학으로, 그리고 각종 시험(변리사, 세무사, 부동산 브로커 등)으로 다져지고, 잡독(경영, 경제, 철학, 신학, 역사 등 닥치는 대로)을 했더니 40대 넘어서 축적의 시간이 온 것 같다. 최근 팬데믹에서 남는 시간 동안 글을 쓰면서 나 나름대로의 세상 보는 눈과 미래 트렌드에 대한 시각이 생겼다. 이제는 짬뽕이냐 짜장이냐의 딜레마가 아닌, 짬짜면을 생각해내는 시대가 온 것이다.

④ 평생학습

『생각의 차이가 일류를 만든다』의 저자 이동규 선생은 '롱런(long run)하려면 롱런(long learn)해야 한다'고 한다. 특히 이런 격변의 시대엔 계속 배워야 산다. 주위를 둘러보면 너도나도 스마트폰을 들고 다니지만 진짜 스마트한 사람은 찾기가 어렵다고 한다. 우리가 배운 전공들은 금세 무용지물이 되기 일쑤이고, 나날이 새로 생기는 기술들은 따라잡기 힘들다. 그럼에도 우리는 계속 공부하지 않으면 '벼락바보(요즘 벼락거지에 비유하여)'가 될 수 있다.

린다 그랜튼은 『100세 인생』에서 '길어진 인생에서 자기의 정체성을 적극적으로 찾아가야만 하는 시대가 왔다'고 말한다. 이전에는 큰 과도기 없이 자신의 인생을 수동적으로 따라가 살면 되었지만 이제는 인생을 통해 많은 선택들을 해야 한다는 것이다. 나는 누구인가, 왜 사는가, 어떻게 살아야 하나 고민해야 한다. 아마 팬데믹을 통해서 많은 사람들이 자신의 인생을 돌아보는 계기가 되었을 것이다. 그러나 여기서 아무런 소득 없이 앞으로도 그냥 지금까지 살아온 대로 산다면 어둠 속에서 남을 쫓아가는 인생을 살아야 할지 모른다.

예전에는 70, 80년의 생애를 살 때 3단계(교육, 일, 퇴직)로 삶이 단순하였다. 20대 중반까지 공부하고, 30년 일하고, 나머지 20년을 은퇴하여 사는 삶이다. 그러나 이제 100세, 120세를 인간의 평균수명으로 보는 이상, 기존의 3단계 삶은 다단계의 삶으로 바뀔 것이다. 대학에서 한번 공부한 것들이 이제는 수명이 짧아진다. 지금 대학에서 배우는 전공들이 5년, 10년 뒤에는 쓸모없는 지식이 될 수 있다. 그렇기 때문에 이제는 공부가 필요하면 즉시 해야 하는 마이크로 러닝의 시대이다. 유튜브 등에 수많은 강의영상이 있고, 무료 강의를 제공하는 플랫폼(우데미, 코세라 등)이 있으며, 채널을 통해서 배움의 장이 열려 있고, 비용이 싸다. 이제는 몇 년 동안 대학에 다니면서 전공을 배우는 시대는 저물어가고 있다.

이제는 부동산, 주식, 돈의 유형자산보다도 무형자산이 중요해지는 시기라고 한다. 무형자산으로는 자신의 소득을 벌어줄 일에 관한 생산자산(노하우 등), 활력자산(건강), 변형자산(다양한 네트워크, 자기 인식, 다양한 경험에 대한 열린 태도)이 있으며, 이는 노년의 삶을 채워줄 소프트웨어를 말한다. 아무리 돈이 많아도 그것은 하드웨어일 뿐이다. 우리는 동물이 아닌 인간으로서 생존 이상의 의미를 찾아야 한다. 이것이 100세 인생에는 중요하다.

린다 그래튼(Lynda Gratton)은 협력 관계에 관한 연구에서 이것을 '포시(posse)'라고 불렀다. 포시는 서로 신뢰하고 가르치고 돕고 소개해주고 소중한 조언을 해주는 사람들로 구성된 직업적인 인간관계의 네트워크를 말한다. 또 자신의 저서 『일의 미래(The Shift)』에서 이처럼 오랜 세월에 걸쳐 이루어진 친구 관계를 '재생적 커뮤니티(Regenerative Community)'라고 불렀다. 세스 고딘이 말하는 'Tribes'도 비슷한 개념이다. 앞으로는 자신의 취향, 직업, 취미, 신앙 등의 자발적인 공동체가 더 나올 것이고, 긴 인생을 살아가는 동반자로 필요할 시대가 올 것이다.

유시민은 『공감 필법』에서 공부에 대해 이렇게 정의했다. '공부란 인간으로서 최대한 의미 있게 살아가기 위해서 하는 것이다. 학위를 따려고, 시험에 합격하려고, 취직하려고 공부할 때도 있지만, 공부의 근본은 인생의 의미를 만들고 찾는 데 있다고 믿는다. 그래서 책을 읽고 공부를 할 때는 내가 삶을 살아가는 태도를 결정하는 데 참고할 수 있는 것들을 찾아야 한다.'

긴 인생을 재미있게 살려면 새로운 경험에 대한 개방적인 태도가 필요하다. 나이가 들면 점점 생각이 굳어지고 자신이 살아온 습관이나 사고에 갇혀서 점점 시야가 좁아진다. 이를 극복하기 위해서는 다양한 책과 사람들을 만나는 것이 중요하다. 항상 새로움에 대한 호기심이 필요하다. 어떤 관심도 없고 무기력하다면 당신은 이미 죽은 것이나 다름없다.

사람들은 소득이 많아지면서 예전보다 소비재를 더 많이 소유한다. 따라서 소비재가 쌓이는 속도가 여가 시간이 증가하는 속도보다 더 빨라지면서 여가 시간에는 항상 바쁘게 움직인다. 그 결과 사람들이 시간을 잘게 쪼개고는 여기에 여가를 채워 넣고 있는 듯하다. 당신은 영화, 페이스북, 파티, 낚시, 넷플릭스(Netflix) 미니 시리즈에 빠져드는 시간을 어떻게 짜내는가.

100세 인생을 살기 위해서는 금전적 여유와 삶을 채우기 위한 소프트웨어가 필요하다. 여러 개의 버킷리스트와 계획, 실험이 필요하다. 실험을 통해서 우리의 자아와 정체성을 찾아가는 여정을 만든다. 성경에서 인간은 죽을 때까지 신의 성품에 이르도록 노력해야 한다는 개념도, 동양철학에서 '일신우일신'의 개념도 같은 맥락이다.

변화를 위해서는 끊임없이 배우고 끊임없이 기존의 틀을 깨는 자세가 필요하다. 더 이상은 꼰대처럼 변화된 콘텍스트에서 도움 안 되는 말로 다음 세대에게 훈계를 두면 안 된다. 니체도 '창조적 인간이 되기 위해서는 어린아이가 돼야 한다'고 말한다. 장자도 '지극한 도에 들어서기 위해서는 낡은 관습에 젖은 자아를 끊임없이 버리고 순수한 어린아이처럼 될 수 있어야 한다. 어린아이가 종일 울어도 목이 쉬지 않는 것은 조화로움이 지극하기 때문이다'라고 말한다. 성경에서도 예수님은 '우리가 천국에 들어가기 위해서는 어린아이와 같아야 한다. 어린아이와 같이 새로운 시각으로 바라봐야 하고, 항상 새로움을 흡수하고 성장할 수 있는 자세가 필요하다'라고 한다.

⑤ 생각하는 법을 생각하자

니콜라스 카는 『생각하지 않는 사람들』이라는 책에서 인터넷이 인간의 뇌 구조를 바꾼다고 한다. 그는 가짜뉴스와 알고리즘으로 확증편향이 판치는 세상에 인간이 철학을 하는 것이 필요하다고 한다. 우리의 생각을 의심하여 우리가 알고 있는 것, 사고하는 것이 맞는지 의심을 해봐야 한다는 것이다. 지금은 새로운 지식이 급격히 쏟아지는 시대이다. 이때 필요한 것은 새로운 지식을 생산하는 힘과 쏟아지는 지식 중 필요한 것을 가려내는 눈이라고 니콜라스는 얘기한다.

생각하는 근육을 키우려면 철학이 필요하다. 돈이 중심인 사회에서 철학은 돈을 벌어야 한다는 압력으로부터 일종의 완충장치를 제공해준다. 어떤 길을 가고 어떤 삶을 살고 싶은지를 결정할 힘을 가졌기 때문에 끝없는 돈의 충동으로부터 보호막이 되어준다. 돈에 대한 자기 철학이 없다면 돈의 노예에서 벗어나지 못할 것이다. 철학은 사람들과 좋은 관계를 형성하는 데 도움을 준다. 철학이 있는 사람은 사람의 본성을 알고 다른 사람을 어떻게 대해야 하는지 안다. 인간은 혼자 사는 것을 추구하지만 함께 살 때 더 행복할 수 있다. 인간에게 행복을 가져다주는 성취감, 보람, 자긍신, 유대감이 다른 사람과 관련되어 있음을 그들은 안다. 사람들이 자신과 다르지 않음을 알고, 배려하고 협력하면 마음을 나눌 수 있다. 주변 사람들과 관계가 좋아지고 그들이 자신을 좋아한다는 사실에 감사하게 된다.

구글의 '철학 선생'으로 불리는 데이먼 호로비츠(Damon Horowitz)는 공학도들이 더 똑똑한 기술자가 되기 위한 자격증에 집중할 것이 아니라 인문학 공부에 매진할 것을 강조한다. 기술이 발달할수록 철학은 더욱 중요해지기 때문이다. 공학도 출신으로 벤처기업을 만들고 경영한 그는 스탠퍼드 대학교에서 철학을 배워 박사학위를 받았고, 공학에 철학이 필요함을 역설하며 철학이 있는 기업을 강조한다. 그가 철학을 강조하는 이유는 기술이 사회적·도덕적 문제를 고려하지 못하기 때문이다. SNS 서비스 등 스마트폰 기술이 타인의 프라이버시를 침해하지는 않는지, 저작권법에 저촉되지 않는지, 인간다운 삶을 저해하지 않는지를 판단하는 것은 철학의 문제다. 임마누엘 칸트는 '철학을 배우는 게 아니라 철학적으로 사는 법'을 배워야 한다고 하면서, 기술이 사회에서 점점 더 중요해지고 필수적인 것이 되고 혜택이 커질수록 비판적이어야 한다고 한다. 독일 철학자 해나 아렌트(Hannah Arendt)의 지적처럼 세상에 악이 퍼지는 것은 인간이 생각하지 않기 때문인 것이다.

우리는 속물인가? 지위와 사람의 가치를 같은 것으로 보는가? 스스로 판단할 힘이 부족해서 권위 있는 사람의 의견에 잘 따르는가? 안타깝지만 대답은 '그렇다'이다. 대부분의 사람은 속물근성으로 살아간다. 자기 판단력이 부족하기 때문에 대중매체의 이야기에 쉽게 반응한다. 인터넷 자료를 믿고 그에 따라 움직인다. 단편적인 정보들과 편향적인 말들을 비판 없이 받아들이고, 그것에 의지하는 대중의 모습이 바로 우리다. 지금까지는 괜찮았다. 대중이 세상을 좌우하는 시대였기 때문이다. 미래사회는 대중의 삶을 더는 보장하지 못한다.

옥스퍼드 대학교 칼 프레이(Carl Frey) 교수의 지적처럼 인공지능 시대에는 필요한 지식을 갖춘 극소수의 사람이 주도권을 쥘 것이고, 대중이 미칠 수 있는 사회적 영향력도 현저히 줄어들 것이 분명하다. 이런 상황에서 우리가 할 수 있는 것은 생각하는 힘을 키우는 방법밖에 없다. 정보와 지식을 넘어 판단하고 창조하는 공부가 필요하다. 그래서 필요한 것이 글쓰기 공부다.

행동경제학자 대니얼 카너먼(Daniel Kahneman)이 쓴 『생각에 관한 생각』에서 인간의 사고는 두 가지 층으로 이뤄져 있다고 한다. 시스템 1의 사고는 직관과 감정 등으로 이뤄지고, 시스템 2의 사고는 논리적이고 합리적이고 이성적인 사고라고 한다. 두 개가 균형적으로 잘 작동하도록 오류를 잡아야 하며, 인간은 합리적이고 경제적으로 결정하지 않는다는 것을 주장했다. 심리학자로서 노벨 경제학상을 받은 유일한 사람으로, 경제학의 전제인 '합리적 인간'의 개념을 흔든다. 2008년 서브프라임 사태와 현재 진행 중인 주가 상승 랠리와 부동산 가격의 폭등을 인간의 합리적·경제적 판단이라고 설명하기엔 부족함이 따른다. 결국, 우리는 시스템 1의 사고를 위한 시스템 2의 사고도 하는 것이며, 자기의 주장을 위한 논리를 만드는 것이 인간이라는 것이다. 이런 오류를 잡기 위해서는 시스템 1, 2의 균형 있는 사용이 필요하다.

『새로운 공부가 온다』의 저자 안상헌은 4차 산업 시대에서 성공하는 사람들의 공통적인 특징은 메타인지(metacognition) 능력이라고 한다. 메타인지는 자기가 무엇을 알고 무엇을 모르는지를 아는 능력이다. 우리 시대는 정보의 부족이 아니라 정보의 범람이 문제다. 이런 시대에는 정보를 판단하는 눈이 중요하다. 필요한 정보를 연결하고 가공해서 필요한 곳에 사용하는 능력이 핵심이다. 이런 능력은 메타인지와 연관된다. 메타인지란 한 차원 높은 생각을 말한다. 메타(meta)는 '~에 관하여', '~를 넘어서'라는 뜻이다. 일반적으로 자신이 무엇을 모르는지 아는 것, 자신의 상황을 객관적으로 인지할 수 있는 능력으로 이해한다. 소크라테스는 '너 자신을 알것'을 강조했다. 이때 너 자신을 아는 것은 곧 너의 무지를 안다는 것이다. 내가 모른다는 사실을 알 때 모르는 것을 배울 수 있다. 모른다는 것을 모르면 무엇을 배워야 할지 알 수 없다. 이것이 무지의 지(無知之知)다.

이것은 세상이 필요로 하는 것이 무엇인지를 찾아내는 능력을 갖췄다는 점이다.

한 분야에서 오래 일하거나 공부한 사람들은 많다. 그런데 그들 모두가 중요한 일을 해내는 것은 아니다. 자기 분야의 상황이 어떠하며 자신의 지식과 기술이 세상에 어떻게 기여할 수 있는지를 모르기 때문이다. 책을 쓰는 사람은 많지만 자기 분야의 지식이 세상과 어떻게 연결되고 어떤 기여를 할 수 있는지 아는 사람은 많지 않다.

소크라테스는 이론이나 사상을 가르치지 않고 철학하는 방법을 가르쳤다. 이런 방법을 통해 제자들이 얻은 것은 무엇일까? 스스로 생각하는 힘, 자기 생각을 만들어내는 기본적 역량, 즉 메타인지였다. 그들은 내가 모른다는 것을 알고, 나에게 필요한 지식이 무엇인지를 찾아갈 수 있는 생각의 생각, 벤치 인사이트를 일깨웠다.

안상헌 작가는 '우리에게 철학이 없다는 것'이 문제라고 한다. '인생관이 확립되지 않은 사람은 사회가 제공하는 것을 따라갈 수밖에 없다. 남들이 가는 길, 남들이 하는 일을 추종한다. 자기 생각이 없으면 줄을 서게 된다. 줄을 서는 곳은 복마전이다. 우리 삶이 힘겨운 것은 자기 삶의 기준을 잃고 타인의 삶, 사회가 만든 생각의 피라미드에 갇혀 있기 때문'이라고 한다.

『하버드의 생각수업』 저자 후쿠하라 마사히로는 우리가 아는 것이 진짜인지 의심하는 것이 시작이라고 한다. 자신이 아는 것이 부족하다는 것을 느끼는 것이 시작인 것이다. 그는 사물의 진위를 확인하는 4단계를 소개하고 있다.

- 일단 의심한다.
- 철저히 세분화한다.
- 단순한 것에서 복잡한 것으로 고찰한다.
- 빠진 부분이 없는지 확인한다(MECE).

첫 번째 단계에서는 깊은 관찰과 '왜'라는 질문이 필요히다. 두 번째로 잘게 나눠서 관찰해 보고, 세 번째로 다시 큰 그림도 보도록 한다. 그리고 제일 중요한 것은 빠진 부분이 없는지 확인하는 것이다. 이것이 미씨(MECE : Mutually Exclusive Collectively Exhaustive)사고법 단계이다. 자기가 인식하지 못하는 부분이 없는지 확인하는 작업이다. 보통은 이 단계에서 자신의 지식과 경험의 틀에서 벗어나지 못하면 섣부른 결정이나 가짜뉴스, 음모론에 빠지기 쉽다. MECE를 위해서 독서와 전문가의 의견, 과학적 접근, 팩트체크, 다양한 사람의 의견이 중요하다.

이렇게 깨어 있는 마음으로 살면 사물을 보는 눈이 달라진다. 예전에는 아무 생각 없이 넘기던 일들도 이제는 어떤 의미가 있을까를 고민하게 된다. 사람들과의 접촉, 동료와의 대화, 친구와의 만남, 심지어 자주 보는 드라마에서도 뭔가 새로운 것이 없는지, 배울 점은 없는지 고민하게 된다. 스트레스를 받는 일에서도 어떤 의미나 교훈을 찾는다. 일상이 새롭게 재탄생하는 것이다. 하나의 경험은 전혀 다른 사건이 된다. 이를 통해서 우리는 통찰력을 키울 수 있다.

니콜라스 카는 인터넷에 무방비로 노출되는 시대에 대비하는 방법은 '의심을 품는 것'이라고 말한다. 과학기술이 발전할수록, 그것에 의존하는 비율이 높아질수록 비판적이어야 한다. 그래야 과학기술에 종속되지 않고 제대로 활용할 수 있다. 그 비판의 힘이 철학에 있다. 이런 상황에서 우리가 할 수 있는 것은 생각하는 힘을 키우는 방법밖에 없다. 정보와 지식을 넘어 판단하고 창조하는 공부가 필요하다. 그래서 필요한 것이 글쓰기 공부다.

인터넷 시대가 왔지만 여전히 책을 읽는 사람들은 존재한다. 안타까운 점은 그들이 읽기에만 집중한다는 것이다. 그들의 독서는 지식을 이해하고 받아들이는 과정에 집중한다. 무엇인가를 '아는' 활동인 것이다. 우리는 많이 아는 것이 뛰어난 생각을 할 수 있는 능력이라고 착각한다. 사실 많이 아는 것과 생각하는 능력은 직접적인 관계가 없다. 지식이 지혜에 도움을 주지만 그것은 지혜가 지식을 활용할 수 있을 때만 그렇다. 적은 지식으로도 지혜를 발휘하는 경우는 얼마든지 있다. 독서는 지혜로 이어져야 한다. 이때 필요한 것이 글쓰기다.

'종이 위에서 생각하라'라는 말처럼 글이 가진 힘을 잘 표현하는 것도 없다. 우리는 생각을 머리로 하는 것이라고 믿는다. 그러다 보니 글로 쓰거나 정리할 필요를 느끼지 못한다. 머릿속에서 이루어지는 생각은 복잡한 것들이 얽힌 경우가 많아 혼란스럽다. 이때 종이를 꺼내 생각을 정리해 보면 혼돈이 사라지고 질서가 잡힌다. 논리가 선명해지고 눈앞이 환히 보이는 통찰을 얻는다.

사람들과 이야기하면서 종이를 꺼내는 사람들은 전략가들이다. 그런 사람들을 만나면 조심해야 한다. 그들은 자신이 지혜롭고 똑똑하며 뭐든 할 수 있는 사람이라는 자신감으로 무장하고 있다. 아무리 어려운 문제라도 생각을 집중하면 해결의 아이디어를 얻을 수 있다고 믿는 긍정적 자아를 가졌고, 인생에서는 해결하지 못할 것은 없다는 확신에 차 있다. 다른 사람들에게 자신의 지혜를 풀어내는 쾌감도 즐긴다. 그들은 자기 자신을 믿는다. 그 근거는 자신만의 창의성이다.

종이 위에서 생각하는 사람들은 구조화에 능하다. 짧은 키워드만 나열해서 논리를 펼쳐나간다. 생각은 글보다 빠르다. 글이 생각을 따라갈 수 없으므로 간단히 키워드만 기록한다. 키워드를 연결하면 명쾌한 논리가 만들어지고 그것이 가치를 창조할 수 있을 때 '유레카'를 외칠 수 있다. 종이 위에서 생각한다는 것은 기존의 지식을 구조화시켜 학습하고 논리를 훈련하는 최고의 아레나다. 쓰는 일이 괴롭다. 글 쓰는 사람은 뻔한 내용을 쓸 때 자신에게 분노한다. 분노를 참을 수 없는 이들은 다른 내용과 다른 의미를 가진 글쓰기를 시도한다. 글 쓰는 일은 괴롭지만 창조적인 작업이다. 글쓰기가 고단한 이유는 식상함을 참을 수 없기 때문이다.

하루에도 수많은 콘텐츠가 쏟아져 나오는 요즘, 나는 책 쓰기를 권한다. 많은 사람이 가는 길이 아니며, 책은 전통적인 매체이지만 얼마든지 재생산될 수 있기 때문이다. 또한 책은 희소성이 있어 가치가 오래 보존되며, 정보의 신뢰도가 높고, 책장을 넘기는 아날로그적 손맛도 가지고 있다. 손맛이야말로 책을 대체하려는 여러 시도에도 불구하고 대체되지 못한 책만의 매력이다. 나는 책을 읽고 사람들과 토론하며 다양한 생각을 공유한다. 『슬기로운 방구석 플랜B』에서 저자 박희진은 다음과 같이 말한다. '나를 과소평가하지 말고, 삶을 깊이 들여다보며 내 안의 무언가를 발견하라. 그리고 연구하라. 기대하지 않았던 엉뚱한 분야에서 당신의 콘텐츠가 행운을 가져다줄 수 있다. 당신이 행한 수많은 일 중에서 당신을 일으켜 세울 일은 한 가지면 충분하다. 그 한 가지가 무엇인지 알 수 없지만, 일단 움직여라. 한 우물을 깊이 파다가 행운을 발견할 것인지, 여러 개의 우물을 파다가 행운을 발견할 것인지는 알 수 없다. 우리가 할 수 있는 가성비 높은 아이템은 콘텐츠뿐이다!'

미래 교육에 필요한 것이 비판력과 창의성이라면 시가 필요하다. 시는 기존과 다른 시선으로 세상을 본다. 새로운 눈으로 꽃을 보고 사람을 보고 사건을 보고 존재를 본다. 시를 읽는 사람, 시를 쓰는 사람은 상상력을 최고로 끌어올린다. 이보다 더 창의적인 공부가 어디 있겠는가. 이때 필요한 질문이 '왜'라는 질문이다. 많은 직장인이 맡은 일을 하면서도 그것을 왜 하는지 모른다. 일하는 이유를 모르면 목적을 달성하기 어려울 뿐만 아니라 일 자체에 흥미를 가지기 어렵다. 이유를 알 때 목표가 명확해지고 그것에 도달하는 다양한 방법을 생각할 수 있다. 공부도 마찬가지다. 왜 공부하는지 알면 동기가 생긴다. 공부를 통해 무엇을 얻을 수 있는지 명확히 할 수 있고, 어떻게 하면 더 잘할 수 있을지 골몰하게 된다.

사고의 연습 중에 주제의식 연습이 있다. 책을 많이 읽지만 밀도가 없는 사람들의 특징은 읽고 이해하기에 급급하다는 것이다. 이런 경우 잠시 읽기를 멈추고 생각해 보는 시간을 가지는 것이 좋다. 그리고 걸으면서, 집안일을 하다가, 샤워를 하다가 주제가 정리가 되면서 나의 무의식 속에 천천히 스며든다. 주제에 대한 글들을 모으고 자신만의 사고를 발전시켜서 정리하면 도움이 된다. 필자가 현재까지 쓴 책이 8권인데, 내가 좋아하는 주제를 꾸준히 공부하고 고민한 것들을 정리하면서 쓴 것들이 책으로 나온 것이다.

끝없이 지식을 탐하다 보면 지치게 될 것이고 권태의 시간이 찾아올 것이다. 그렇게 축적으로 시작된 공부가 권태와 공허로 끝나고 만다. 공부는 흘러넘쳐야 한다. 혼자의 것이 아니라 모두의 것이어야 한다. 사고의 힘은 나 혼자만이 아닌 다른 사람들과의 교류를 통해서 발전한다. 나 혼자 방에 갇혀서 혼자 사고하다 보면 틀 안에 갇혀서 한계를 벗어나지 못한다. 사고의 공유와 자극을 통해 개인의 힘을 넘어 상생을 추구하는 지식 생태계의 파트너가 있어야 한다. 함께 알 때 배움의 희열은 배가 된다. 나의 깨달음을 공유할 수 있는 사람을 만난다는 것은 희열을 넘어 영향력을 낳는다. 요즘 지식 공동체 같은 여러 모임이 생기고 있는데 반가운 소식이다.

에리히 프롬은 『소유냐 존재냐』에서 소유적 학습과 존재적 학습을 구분한다. 소유적 학습은 우리가 그동안 학교에서 한 공부처럼 시험과 대학입시, 취업준비를 위한 학습이었다. 시험 합격에 효율적일 수 있으나 개인의 사고체계를 확장하는 데는 큰 도움을 주지 못한다. 존재적 학습은 존재의 가치를 추구하고 자아를 찾는 학습이다. 공부해서 남 주냐는 말은 곧 자기 자신만을 위한 이기적 공부이다. 남을 밟고 올라서야 내가 산다는 이분법적 사고이다. 대한민국의 교육 현실이 아이들을 이기적인 괴물로 만들고 있는 것이다.

그러나 자신의 존재가치를 찾는 공부는 남을 짓누르는 것이 아니라 나와 남이 같이 성장하는 것을 모색하는 큰 그림의 공부이다.

현실은 100마일로 변하는데 학교는 10마일로 쫓아가고 있으니 학교 교육이 현실의 요구를 반영하지 못하는 것은 당연하다. 4차 산업의 도래로 인공지능이 지식을 다 제공하는 시대이다. 우리는 이제 지식을 쌓고 암기하는 시대의 교육보다는 문제를 파악하고 해결할 수 있는 능력, 특히 생각하는 법을 교육시켜서 인공지능이 못 하는 것, 즉 큰 그림을 그릴 수 있는 능력과 통찰력, 지혜를 얻을 수 있는 교육을 생각해야 한다.

⑥ 창의성

에디슨의 말, '천재는 99%의 노력과 1%의 영감으로 이루어진다'고 한 것에 대해 건축가 유현준 교수는 '누구나 노력하면 천재가 될 수 있다는 것을 말하고 싶었던 것이 아니라, 1%의 영감이 없기 때문에 천재가 되지 못한다는 것'이라고 한다. 4차 산업 시대의 인재에게 필요한 핵심역량으로 4C가 필요하다고 한다. 창의성(Creativity), 비판적 사고(Critical Thinking), 소통(Communication), 협력(Collaboration) 이다. 나는 공감 능력 (Compassion)을 더해서 5C가 필요하다고 생각한다. 특히 인공지능이 인간의 일들을 대체해 가면서 인간은 그나마 창의적인 일들을 할 수 있게 될 것이다. 그래서 창의성은 직업을 위해서도, 창업을 위해서도 필수적인 역량이다. 이러한 창의성은 타고난 것도 있지만 훈련을 통해서 기를 수도 있다. 아인슈타인은 '최고의 지성은 상상력'이라고 했다. 아이슈타인을 고리타분한 물리학자로만 기억하면 안 된다. 평소의 상상력이 위대한 물리 법칙을 발견했다. 아인슈타인은 스위스 취리히 대학 시절 보트 타는 것을 즐겼다. 그리고 바이올린 연주를 취미로 하였다. 좌뇌와 우뇌를 골고루 발달시켜야 상상력이 자극된다. 상상은 책상에서만 하는 것이 아니라 몸이 움직이면서 노는 가운데서도 나온다.

4차 산업 시대에 필요한 역량 5C

'놀이하는 인간(호모 루덴스)'이 인류의 정체성이라고 한 호이징아는 원시시대 인류의 기원에서부터 우리는 먹고 살기 위해 일하는 것이 아니라, 노는 것 자체가 우리의 일이고 존재 이유라고 말한다. 이제는 일이 놀이가 되는 세상이다. '덕후'들이 돈을 벌고 자기가 좋아하는 일로 돈을 벌 수 있는 세상이 오고 있다. N잡러, 멀티 페르소나, 부캐 등의 단어들은 이러한 트렌드를 말해주고 있다. 놀이라고 생각하면 저절로 창의력이 솟구친다. 『게으름에 대한 찬양』에서 버트런드 러셀은 '노는 시간은 발효와 숙성의 시간'이라고 했다. '멍 때리고' 쉬는 시간이 필요하다. 필자의 저서 『게으름의 경영학』에서도 얘기했지만, 충분한 휴식과 워라밸을 통해서 더욱 창의성과 업무의 효율성을 높일 수 있다.

마케팅 구루인 세스 고딘은 『이상한 놈들이 온다』라는 책에서 앞으로는 '변종이 필요한 세상'이라고 말한다. 변종이란 변종 바이러스가 아니라 평균과는 다른, 일반적이지 않고 개성 있고 창의적인 사람을 얘기한다. 대중의 흐름을 따르지 않고 자신의 가치와 특별함을 가지고 사는 사람들의 세상이 올 거라고 예견한 것이다. 이 책이 2011년에 나왔으니 대단한 선견지명이다. 4차 산업에서 살아남을 인재의 공통적인 요소는 창의성, 독창성, 개성이다. 이제 평범한 사람들의 시대, 평균의 시대는 지나갔다. 평균적인 사람은 AI에 의해 대체될 것이고, AI의 지배를 받을 것이다.

이제는 쉽게 온라인을 통해서 영상이나 글을 창조할 수 있다. 프로암(Pro-Am)이라고 하여 전문가에 비견하는 준(準)프로로서 각 취미 분야에서 자신의 부캐로, 멀티 페르소나로 살 수 있는 시대도 예견했다. 요즘 파이어족이라 하여 일찍 돈 벌어서 일찍 은퇴하고 자신이 하고 싶은 일을 하려는 젊은이들이 늘고 있다. 과거의 전형적인 인생의 모델을 따르지 않고 자신의 개성대로 사는 인생이다.

요즘은 온라인을 기반으로 각종 동호회 모임들이 많이 생겨났다. 거기에는 취미뿐만 아니라 비슷한 가치관을 가진 사람들이 자신의 꿈을 이루기 위한 공동체 역할을 한다. 세스 고딘은 그의 책 『부족(Tribes)』에서 생각을 공유하고 공동의 목표를 향해 운동을 전개하는 사람들의 모임을 부족이라 부른다. 동료 직원, 고객, 투자자, 신앙인, 취미 동호회원, 독자 등 하나의 아이디어를 중심으로 규합된 사람들을 칭하는 중요한 개념으로 마케팅에서 쓰이는 것뿐만 아니라 4차 산업 시대에서 앞으로 사람들의 부족화 현상은 더욱 많이 생겨나야 한다. 인간 존재의 의미를 찾아주고 인간의 빈 시간을 채워줄 공동체가 필요하다. 인간은 사회적 존재라서 교감을 통해서 성장하고 영감도 받는다. 팬데믹 기간인 요즘 더욱 이러한 부족들이 필요한 것 같다.

생각하는 법을 생각하기(Think how to think)에 달려 있다. 창조도 결국 생각의 습관이기 때문이다. 인생의 두 가지 축은 '의미'와 '재미'다. 의미와 재미가 결합하면 당할 자가 없다. 옛날에는 공부를 구도(求道)라 했다. 공부란 자연과 인간을 탐구하는 일이며, 결국 세상에 대한 올바른 인식과 자기 성찰이다. 자연과 인생을 배우고 익히는 데 있어 가장 중요한 것은 바로 자신이 이를 기꺼이 즐겁게 행하는 것이다. 한마디로 '즐거운 고생'인 것이다. 서구에서 일(work)에 대해 '힘든 재미'라 정의하는 것과 마찬가지다.

생각이 막히고 딜레마에 빠지면, 잠시 손을 놓고 내가 무엇을 해왔는지 생각할 틈을 갖는다. 이것이 장애가 우리에게 주는 이익이다. 창의적인 생각은 무엇인가에 집중하고 있다고 해서 떠오르지 않는다. 좋은 아이디어는 다소 소란스러운 곳, 집중하지 않아도 되는 곳, 생각이 여유를 부리는 곳에서 탄생한다. 흔히 3B라고 한다. 화장실(Bathroom), 침실(Bedroom), 버스(Bus) 같은 곳이다. 아리스토텔레스의 학파를 산책학파 또는 소요학파(逍遙學派)라 불렀다. 길을 걸으며 주고받는 얘기에서 통찰을 얻는 것이다.

우리는 사유와 지식을 빼앗겼다. 이제 우리는 인문학의 전문가가 있음을 자연스럽게 받아들인다. 미디어에 교수님이 나와서 말씀하신다. '인문학의 본질은 질문하고 사유하는 것입니다. 그렇기에 인문학은 우리 모두의 것입니다.' 하지만 아무리 둘러보아도 인문학은 모두의 것이 아니다. 소크라테스는 저잣거리에서 사람들과 대화하고 논쟁하며 자신의 철학을 개진했지만, 오늘날 우리는 소크라테스를 전공한 전문가들의 분석과 해석을 들으며 그들의 말을 받아 적는 것이 철학을 공부하는 것이라고 생각한다.

역할은 명확하다. 사유와 지식을 생산할 수 있는 권한을 가진 엘리트 집단이 있고, 그것을 다만 받아들이고 고개를 끄덕여야만 하는 소비자로서의 대중이 있다. 이것은 이상하다. 인문학은 우리 모두의 것이고, 질문하고 사유하고 자신의 세계관을 창조하는 기쁨을 누려야 하는 주체는 나 자신이어야 하지만, 실제로 우리는 생산자의 역할로부터 철저히 배제되어 있다. 하지만 우리는 불만을 갖지 않는다. 차라리 이렇게 생각한다. 나는 잘 모르고 틀릴 수도 있으니까 정제되지 않은 내 생각을 말하는 것보다 프로페셔널한 교수님과 학자들이 말해주는 정답을 받아 적겠다. 그렇게 자기 인생의 주체가 되어야 하는 나는 수동적인 소비자로 남는다.

『생각의 탄생』의 저자들은 창의적 생각을 낳는 다양한 요소 중 하나로 관찰을 제시한다. 관찰은 사물의 구조를 발견하게 하고 숨겨진 시스템을 찾아내는 중요한 원천이다. 훌륭한 연주가들의 손놀림을 잘 관찰하는 것만으로도 연주 기법을 알아낼 수 있고, 시계의 내부 구조를 살펴보는 것만으로도 명품 시계의 메커니즘을 알 수 있으며, 창의적인 발명가의 행동 방식을 분석하는 것만으로도 발명의 기법을 찾아낼 수 있다. 자기 분야의 전문가들은 세상을 관찰하고 흐름을 분석하고 문제의 핵심을 찾아내는 데 많은 시간을 보내며 연구에 연구를 거듭한다. 이들이 오랫동안 자기 분야에 천착할 수 있는 이유는 강렬한 호기심을 가졌기 때문이다.

창의적 아이디어는 특이한 속성을 가지고 있다. 내가 떠올리고 싶어서 떠오른 것이 아니라 다른 생각을 할 때 떠오른다는 것이다. 사람이 무엇인가에 집중하고 있을 때는 그 문제에 의욕이 넘쳐 다양한 생각을 할 수 없다. 오히려 생각을 멈추고 여유를 가질 때 그 틈을 비집고 아이디어가 튀어나온다. 그러려면 평소에 '3다'를 해야 한다. 많이 읽고(多讀), 많이 쓰고(多作), 많이 생각해야(多商量) 한다. 융합능력은 전적으로 '재료'가 얼마나 풍부한가에 달려 있다. 모든 일상의 것들이 텍스트가 된다.

서울대 공대 교수들이 쓴 책 『축적의 시간』에는 세계 10위의 경제 대국인 한국이 너무 빠르게 성장하는 바람에 산업적으로 중요한 창조적 개념설계 역량이 부족하다고 지적한다. 창조적 개념설계는 오랜 기간 지속해서 시행착오를 '축적'해야 얻어지는 것이기 때문이다. 전문지식과 기술의 탁월성과 윤리적 자세, 그리고 전문성을 활용하는 도덕적인 행위가 이상적으로 조화를 이루는 상태를 아리스토텔레스는 '아레테'라 했다. 우리는 4차 산업 시대에서 이러한 '아레테'가 필요하다.

그런데 사실 지루함은 피해야 할 것이 아니다. 오히려 적극적으로 활용해야 한다. '지루함은 창의력을 키워준다. 마법은 이때 일어난다'라고 『지속가능한 삶을 모색하는 사피엔스를 위한 가이드』의 저자 김선우는 말했다. 지루함을 통해서 창의성이 활발하게 작동된다는 것이다. 학술지 「아카데미 오브 매니지먼트 디스커버리스(Academy of Management Discoveries)」에 실린 최근 연구에 따르면 지루한 작업을 한 사람들이 흥미로운 작업을 한 사람들보다 좋은 아이디어를 많이 낸다고 한다. '멍 때릴' 때 추억으로의 여행, 상상의 나래가 펼쳐지며 생각들이 자라기 시작한다.

그러나 보통 사람들은 지루함을 잘 참지 못한다. 산업혁명 이전에는 지루함이 삶의 일상이었지만, 산업혁명 이후에는 소비문화의 발달과 함께 무언가 여백을 채워야 하는 강박증에 빠지면서 지루함이 불안함이 된다. 뭔가 하고 있어야 한다는 생각에 남들처럼 레저를 하거나 소비를 하거나 해야 안정감이 드는 것이다. 이제 자극에 익숙한 우리는 쉽게 지루하다. 그리고 지루함은 참을 수 없는 고통이 된다. 뭔가 하지 않으면 미칠 것 같기 때문이다. 하지만 지루함은 피해서 좋을 게 없다. 적극적으로 활용해야 한다. 지루함은 우리에게 꼭 필요하다. 지루할 때 인간은 더 생각을 하고 창의적이 되기 때문이다.

세스 고딘은 '린치핀'이 되어야 한다고 강조한다. 그가 말하는 린치핀이란 한마디로 대체 불가능한 사람을 말한다. 린치핀은 독창적인 아이디어로 사업을 하는 사업가, 조직의 성과를 끌어올리는 마케팅 전문가, 자기 사상으로 무장한 사상가, 꼭 필요한 일이라면 사람들에게 미움 받는 일이라도 기꺼이 감수하는 체인지 메이커 등이다. 이들은 과거에 연연하지 않고 새로운 방법과 기술, 관계를 찾아내며 미래를 개척한다. 이들에 의해 새로운 시대가 올 것이라고 세스 고딘은 강조한다.

이제 자신을 드러내는 데 익숙해져야 한다. 평범해지는 것이 안전하다고 믿고 따랐던 시대는 갔다. 자기를 드러내는 것이 위험하다는 생각은 과거의 유물이다. 김미경 선생은 남들과 다른 나만의 유니크니스를 만들라고 한다. 유니크니스가 나를 꼭 필요한 사람으로 만들어준다. 묻히는 것보다는 튀는 것이 낫다. 차이는 드러날 수밖에 없고, 드러나야만 차이가 느껴진다. 남들과 다를 때 남들이 나를 인지한다. 시뮬라르크의 유니크니스를 지키려면 자기 욕망을 긍정할 수 있어야 한다. 남들이 뭐라든 자기 길을 가야 한다. 세상은 타자의 욕망이 지배하는 곳이다. 이것을 하면 돈이 되고, 저것을 하면 성공한다는 목소리는 타자의 욕망이다. 기존 사회의 질서 속에서 길들여진 욕망에 따라 살면 유니크니스를 가질 수 없다. 독특함은 지키고, 키우고, 가꿔가는 것이다.

창의성 훈련을 위해 몇 가지 툴을 소개한다.

㉠ 스캠퍼(SCAMPER)

스캠퍼(SCAMPER) 기법은 일종의 브레인스토밍 기법의 하나로, 브레인스토밍 기법을 창안한 알렉스 오스본(Alex Osborn)의 체크리스트를 밥 에이벌(Bob Eberle)이 7개의 키워드로 재구성하고 발전시킨 것이다. 스캠퍼는 사고의 영역을 7개의 키워드로 정해 놓고 이에 맞는 새로운 아이디어를 생성한 뒤 실행 가능한 최적의 대안을 골라내기 때문에 브레인스토밍보다 구체적인 안을 도출하기 좋다.

	의미와 예들	당신이 해결하고 싶은 문제는? 아래에 적어보세요.
S	Substitute : 대체하기 ex) 안경을 콘택즈 렌즈로 대체	
C	Combine : 결합하기 ex) 스마트폰은 전화기와 카메라의 결합	
A	Adapt : 응용하기 ex) 식물의 찍찍이 풀을 의류에 찍찍이 벨트로 활용	
M	Modify : 수정하기 ex) 컴퓨터의 축소판은 태블릿, 스마트폰	
P	Put to other uses : 다른 목적으로 전환 ex) 베이킹 파우더를 청소용 세제로 사용	
E	Eliminate : 제거하기 ex) 테 없는 안경	
R	Reverse : 반전하기 ex) 골프는 꼭 낮에만 쳐야 하나? 　　야간 골프장도 운영하자.	

ⓛ 디자인 씽킹(Design Thinking)

디자인 씽킹(Design Thinking)이란 미국의 디자인 컨설팅사인 아이디오(IDEO)사에서 적극적으로 활용하여 유명해진 툴이다. 기존에 제품을 생산하고 마케팅을 하는 과정에서는 철저히 제조자 중심으로 만들어서 정작 이를 사용하는 소비자의 불편이 많았다. 디자인 씽킹은 디자인 과정에서 디자이너가 활용하는 창의적인 전략이다. 디자인 씽킹의 5단계를 간단히 소개하면 다음과 같다.

• 공감하기(Empathy) : 이 단계가 가장 중요하다. 먼저 사용자·소비자 입장에서 생각하는 것이다. 공감하기 위한 방법으로는 관찰하기, 인터뷰, 자기가 직접 체험하기가 있다. 공감을 바탕으로 한 깊은 인사이트를 찾고 진짜 문제가 무엇인지를 찾기 위함이다. 보통 제품을 개발하든, 서비스를 개발하든, 남을 돕는 사회활동을 하든 사용자 입장이 아닌 제공자 입장에서 생각하는 것이 보통이다. 여러분들이 어떤 제품이나 서비스를 써보고 불편함을 느낀 적이 많을 것이다. 사용자 입장에서 디자인을 하지 않았기 때문이다. 사용자 입장에서 보는 관점을 가지려면 공감하기가 최우선이다.

• 문제 정의(Define) : 아인슈타인은 '만약 나에게 문제를 해결하기 위해 한 시간이 주어진다면 문제를 정의하는 데 55분을 쓰고, 나머지 5분만을 해법을 찾는 데 쓰겠다'고 말했다. 그만큼

문제가 무엇인지 제대로 파악하는 것이 중요한 것이다. 문제를 잘못 읽으면 헛다리를 짚기 십상이다. 문제의 원인을 찾으면 적어도 5번은 원인의 원인을 찾아야 한다. 우리가 찾은 문제가 진짜 문제가 아닐 수 있음을 알아야 한다. 드라마 「검법남녀」에서 기억나는 대사 중의 하나가 백범 법의학관이 말하는 '질문이 틀렸어'이다. 올바른 질문을 해야 올바른 답을 찾을 수 있다. 문제의 원인을 찾는 방법은 아래 설명할 시스템 씽킹을 참조하기 바란다.

- 아이디어 만들기(Ideate) : 문제가 무엇인지 파악이 되었으면 이를 해결할 아이디어들을 모은다. 이 과정에서 최대한 브레인스토밍을 하여 아이디어 풀을 많이 만들어 놓는다. 아이디어를 낼 때는 바로 평가하지 않고 제안자의 말을 먼저 경청한다. 이러한 아이디어는 최대한 시각화해서 그림으로 표현하는 것이 이해가 빠르므로 좋다. 이때 트리즈 방법(40가지의 아이디어 제안 툴)이나 디자인 씽킹 툴킷를 이용하는 것도 좋은 방법이다. 모아둔 아이디어 풀들을 평가해서 선별작업을 한다. 우선순위를 정하여 어떤 아이디어들을 먼저 시행해 볼지 정한다. 아이디어 풀은 언제든 다시 활용할 수 있게 잘 보관한다. 보통 디자인 씽킹에서는 비주얼화하여 포스트잇 또는 하얀 종이에 표현하고 아이디어들을 발전시킨다.

• **프로토타입**(Prototype) : 정해진 아이디어를 시각화하기 위해서 낮은 완성도의 그림 그리기 또는 만들기(종이 등으로)로 프로토 타입을 만든다. 시각화되면 의사소통을 돕고, 기억의 한계를 극복하여 협업에 도움을 준다. 프로토타입은 완벽할 필요는 없다.

• **테스트**(Test) : 프로토타입으로 현장에서 테스트를 해본다. 여기서 나온 사용상의 문제들은 테스트하면서 문제 정의를 곧바로 수정하거나, 아이디어를 추가하고 수정할 수 있다(반복순환 루프). 현장에서 직접 테스트하기 어려운 경우에는 롤플레이를 통해서 사용자 입장이 되어보고 피드백을 모은다.

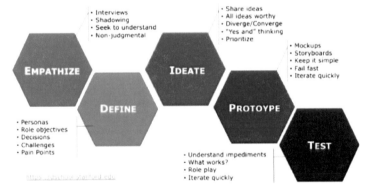

Stanford d.school Design Thinking Process

ⓒ 시스템 씽킹(System Thinking)

TOOLS OF A SYSTEM THINKER

시스템 씽킹의 몇 가지 특징을 살펴보면 다음과 같다.

• 상호 연결성(Interconnectedness) : 시스템 사고는 선형에서 원형으로의 사고방식 전환이 필요하다. 이 변화의 기본 원칙은 모든 것이 서로 연결되어 있다는 것이다. 시스템 씽킹은 상호 연결성에 대해 생물학 방식으로 설명한다. 본질적으로 모든 것은 생존을 위해 다른 것에 의존한다. 인간은 우리 몸을 유지하기 위해 음식, 공기, 물이 필요하고 나무는 번성하기 위해 이산화탄소와 햇빛이 필요하다. 코로나를 둘러싼 원인과 이로 인한 영향은 하나의 원인과 결과로 이루어진 것이 아니라 다수의 요인들이 서로 상호작용하면서 영향을 미친다. 4차 산업 시

대에 초연결 사회(Hyper-connected society)와도 연결되는 개념으로, 그만큼 복잡하게 연결되어 있다.

• **전체성(Wholeness)** : 일반적으로 합성은 새로운 것을 만들기 위해 둘 이상의 것을 결합하는 것을 말한다. 시스템 사고의 경우, 복잡성을 관리 가능한 구성 요소로 분리하는 분석과 달리 합쳐서 보는 관점이다. 분석은 세계가 여러 부분으로 나뉘는 기계적이고 환원주의적인 세계관에 적합하다.

그러나 모든 시스템은 동적이며 종종 복잡하다. 따라서 현상을 이해하기 위해서는 보다 전체적인 접근 방식이 필요하다. 종합은 전체의 역학을 구성하는 관계 및 연결과 함께 전체와 부분을 동시에 이해하는 것이다. 본질적으로 전체성은 나무보다는 숲을 보는, 상호 연결성을 볼 수있는 능력이다.

예를 들면 코로나 사태를 보는 시각으로, 당장 언제 끝날까가 문제가 아니라 우리가 사는 지구와 환경, 인간 생활양식, 근본원인을 생각하는 관점을 말한다.

• 피드백 루프(Feedback Loop) : 모든 것이 상호 연결되어 있기 때문에 시스템 요소 간에 지속적인 피드백 루프 속에서 상호 작용한다. 피드백 루프의 두 가지 주요 유형은 강화와 균형이다. 혼란스러울 수 있는 것은 강화 피드백 루프가 일반적으로 좋지 않다는 것이다. 이것은 시스템의 요소가 인구 증가 또는 연못에서 기하급수적으로 성장하는 조류와 같이 동일한 것을 더 많이 강화할 때 발생한다.

예를 들어 가난한 사람들은 개천에서 벗어나기 위해서 노력하지만 출발선이 다르므로 공부를 해서 좋은 대학에 가기 힘들고 가난이 대물림되는 것이 강화 피드백의 전형적인 예이다. 균형적인 피드백 루프는 개천에서 용 나도록 누군가 디딤돌 역할을 해서 좋은 피드백으로 가야한다.

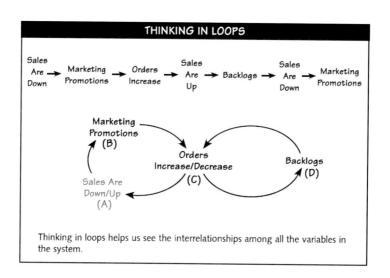

- 인과 관계(Causality) : 원인과 결과는 일반적으로 많은 삶에서 매우 일반적인 개념이다. 그러나 하나의 원인은 그것으로 끝나지 않고 다른 원인으로 연결이 되어 있다. 그래서 '5 Why' 같은 기법이 쓰인다. 5번의 '왜'라는 질문을 통해서 근원적인 원인을 찾는 것이 중요하다. 예를 들어 코로나 이후에 왜 코로나가 왔나에 대해서 '중국에서 왔다'라는 원인에서 그치는 것이 아니라 야생동물의 서식지 파괴 → 인간의 무분별한 확장 → 브레이크 없는 성장주의 → 탐욕적인 인간 등으로 꼬리에 꼬리를 물며 원인을 찾아갈 수 있다. 그래서 원인 단계별 처방과 근본적이고 구조적인 문제의 본질을 볼 수 있다.

- 시스템 매핑(System Mapping) : 시스템 매핑은 시스템 사상가의 핵심 도구 중 하나이다. 아날로그 클러스터 매핑에서 복잡한 디지털 피드백 분석에 이르기까지 여러 가지 매핑 방법이 있다. 그러나 시스템 매핑의 기본 원칙과 관행은 보편적이다. 시스템 내에서 '사물'의 요소를 식별하고 매핑하여 복잡한 시스템에서 상호 연결, 연관, 행동하는 방법을 이해하고 여기에서 고유한 통찰력과 발견을 사용하여 극적으로 변화할 개입, 변화 또는 정책 결정을 개발할 수 있다.

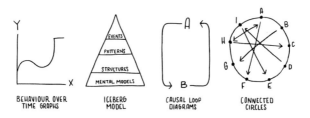

⑦ 회복탄력성(Resilience)

『맹자』에는 '위대한 사람은 그전에 고난을 통과한다'는 문장이 있다. '하늘이 장차 그 사람에게 큰 사명을 주려고 할 때에는 반드시 먼저 그의 마음을 흔들어 고통스럽게 하고, 그 힘줄과 뼈를 굶주리게 하여 궁핍하게 만들어 그가 하고자 하는 일을 흔들어 어지럽게 한다. 그것은 타고난 작고 모난 성품을 인내로 담금질하여 하늘의 사명을 능히 감당할 수 있도록 그 성품과 역량을 키워주기 위함이다'라고 한다.

또한 성경에 나오는 인물들 중에도 고난의 역경을 이겨낸 인물들이 많다. 고난을 통해서 인품을 빚어내고 인내심을 기르게 하고 겸손하게 된다. 자신이 잘나서 성공하는 것이 아니라 신이 도와서 성공하는 것이고 부와 명예도 마찬가지이다. 우리 인생에 중요한 것은 '회복탄력성'이다. 우리 모두는 살면서 실패를 겪으며 산다. 단지 성공한 사람은 실패 후에 멈추지 않은 사람들이다. 그리고 고난과 실패를 통해서 회복탄력성을 키운 사람들이다.

때론 인생에서 실패라고 여겨지는 부분도 있을 것이다. 그러나 결국 인생에서 쓸모없는 부분은 없다. 무엇을 통해서도 배운다. 창피한 일도 있고 쓰라린 아픔도 있다. 이미 벌어진 일은 벌어진 일이다. 인생이 고속도로처럼 뻥 뚫려서 목표를 향해 한 번에 가는 사람은 거의 없다. 여기저기 길이 끊어지기도 하고 차도 막히고 우회도 하면서 가는 마라톤이다. 한때 『아프니까 청춘이다』라는 책을 쓴 김난도 교수가 청년들에게 '라떼식 꼰대질'이라고 질타를 받았지만 아픈 것은 반드시 여러분을 성숙시킨다. 그 유명한 니체의 말이 있다. '나를 죽이지 못하는 고통은 나를 더 강하게 만든다.'

최근 회복탄력성은 경영학에서도 화두이다. 팬데믹 이전에도 불확실한 현실에서는 언제든 실패를 극복할 수 있는 맷집이 필요하다. 회복 탄력성은 '역경지수(AQ : Adversity Quotient)'라고도 한다. 역경지수 개념을 최초로 제시한 사람은 미국의 커뮤니케이션 이론가 폴 스톨츠(Paul G. Stoltz)이다. 그는 인생의 복원력이라고 할 수 있는 이 지수를 개발하기 위해 10만 명이 넘는 사람들의 삶을 조사했는데 그의 저서 『장애물을 기회로 전환시켜라』에서 역경에 대처하는 모습에 따라 사람들은 다음 3가지 유형으로 나눠볼 수 있다고 한다.

- 겁쟁이(Quitter) : 도망하거나 포기하는 사람
- 야영자(Camper) : 뚜렷한 대안 없이 적당히 안주하는 사람
- 등반가(Climber) : 능력과 지혜를 총동원해 극복하는 사람

팬데믹 시대, 우리는 어디에 속해 있는가? 대부분 겁쟁이나 야영자에 속해 있지 않은가? 그 와중에도 팬데믹을 기회로 삼는 사람들은 3번 등반가이다.

아마 인생은 고난의 연속이지 않을까? 어떤 사람은 '고난 총량의 법칙'이 있다고 한다. 제 아무리 부자이고 성공한 사람도 고난이 있기 마련이고 누구나 인생에서 겪어야 하는 고난은 일정하다고 말한다. 우리는 우리의 운명처럼, 시지프스의 신화처럼 주어진 무거운 짐을 지고 인생을 걸어야 한다. 인생에서 행복과 쾌락을 추구하는 것을 목적으로 생각하지만 우리는 고난을 통해서 성장한다. 고난을 겪어야 남의 고통도 눈에 들어온다. 나도 미국에 이민을 와서 직장에서 잘려도 보고 통장잔고가 떨어지는 경험도 해 보았기에 더욱 홈리스들에게 마음이 쓰인다.

회복탄력성을 기르려면 종교, 독서, 주변에 마음을 털어놓을 친구나 공동체 등 여러 방법이 있다. 우리가 감당 못 할 고난은 없다. 차분히 마음을 가라앉히고 생각하면 길이 나온다. 성경에서도 '사람이 감당할 시험 밖에는 너희에게 당한 것이 없나니 오직 하나님은 미쁘사 너희가 감당치 못할 시험 당함을 허락지 아니하시고 시험 당할 즈음에 또한 피할 길을 내사 너희로 능히 감당하게 하시느니라(고린도전서 10:13)'라고 한다. 우리는 신이 내려준 고난의 문제를 통과해야 한다. 우리는 왜 내가 이런 어려움을 겪느냐고 물을 수 있지만 그 이유는 정확히 알 수 없다. 단 우리가 그 고난을 이겨냈을 때 이것이 전화위복이 되는 일들은 너무나 많이 본다.

한구에서 자산 뉴스를 보면 미음이 아프다. 댓글로 연예인이 자살하고, 생활고로 자살하고, 억울한 누명으로 자살하는 모습들이 너무나 안타깝다. 누군가 옆에서 얘기 들어줄 사람만 있었어도 살릴 수 있었을 텐데 우리는 그 얘기를 들어줄 누군가가 되어야 하지 않을까.

⑧ 디지털 기술로 무장하기

테슬라의 CEO 일론 머스크(Elon Musk)는 'AI 상용화에 의해 인간의 20%만 의미 있는 직업을 갖는다'고 했으며, 옥스퍼드대는 '2033년 현재 일자리의 47% 사라진다'는 분석 결과를 발표했다. 사라진 일자리를 위해 우리는 디지털 기술을 알아야 일자리를 구하든 사업을 하든 할 수 있는 기회가 생긴다. AI는 이제 우리 앞으로 다가왔다. 얼마 전 TV에서 가수 옥주현 씨와 AI가 노래로 대결하는 것을 보았다. 커튼 뒤에서 부르는데 거의 분간이 되지 않는다. 간발의 차이로 옥주현 씨를 알아보는 사람이 약간 더 많았다. 이제 AI은 우리의 삶 전반에 들어오고 있다. 이제 인간이 해야 할 일은 무엇인가? 이제는 AI와 디지털을 두려워해야 할 무엇이 아닌, 누구나 사용할 수 있는 Excel 같은 도구로 생각해야 한다.

팬데믹으로 인해서 가장 많이 언급되었던 단어는 아마 디지털 트랜스포메이션(Digital Transformation)일 것이다. 대면에서 비대면으로 가면서 많은 것들이 디지털화되었고 이제는 우리의 사업들,

일, 교육, 문화 등이 디지털화되므로 우리도 여기에 발 맞추어 가야 한다. 그러기 위해서는 두려워하고 피할 것이 아니라 준비하고 공부해야 한다. 이제는 공부할 수 있는 기회들이 유튜브, 온라인 단기강의과정, 무료 온라인 대학 등 너무 많아서 언제든지 짧고 값싸게 공부할 수 있다.

디지털 시대의 노동자 특징은 뉴칼라(new collar)라고 한다. 이는 디지털 시대에 새롭게 등장하는 직업 계층으로, 2016년 IBM 최고 경영자 지니 로메티(Ginni Rometty)가 처음 사용했다. 생산직의 블루칼라(blue collar)나 사무직의 화이트칼라(white collar)가 아닌 새로운 직업 계층이다. 뉴칼라에는 인공지능, 빅데이터, IoT, 로봇, 가상현실, 플랫폼 등과 관련된 직업이 포함된다.

그리고 디지털 노마드 계층도 많이 생겨나고 있다. 디지털 노마드는 프랑스 경제학자 자크 아탈리(Jacques Attali)가 1997년 『21세기 사전(Dictionnaire du XXIe siecle)』에서 처음 소개한 용어다. 주로 노트북이나 스마트폰 등을 이용해 장소에 상관하지 않고 여기저기 이동하며 업무를 보는 사람을 일컫는다. 디지털 노마드는 긱경제의 단면이다. 나도 이러한 '디지털 노마드'를 지향하면서 컨설팅 사업을 하고 있고 앞으로 다른 사업으로 확장해도 '디지털 노마드' 형태로 계속 사업을 진행할 예정이다. 보통 디지털 노마드에는 전문직이 많이 있었으나 이제는 다양한 직업들이 포함되고 있다. 프로그래머, 웹디자이너, 번역가, 작가, 예술가, 컨설턴트, 유튜버, 콘텐츠 크리에이터, 마케터 등 직업도 다양하다.

모든 지업과 사업들은 IT 디지털 기술을 필요로 한다. 우리가 인터넷과 휴대폰을 쓰듯 디지털 기술은 점점 사용하기 편하게 설계된다. 많은 공짜 교육들도 있으니 겁내지 말고 이를 사용하여 우리의 영역을 넓혀야 한다. 모든 회사들은 IT 회사들이 되어가고 있다. 전통적 기업으로 100년이 넘은 제조기업인 GE조차 회사의 정체성을 IT로 바꾸며 변신하고 있다. 강한 자가 살아남는 것이 아니라 디지털화된 자가 살아남는 시대이다.

⑨ 소통능력

남들과 소통하는 능력은 정말 중요하다. 말을 잘 한다는 것은 꼭 말을 논리적으로 잘해서 상대를 설득시키는 것만을 얘기하지 않는다. 먼저 남의 말을 경청하는 능력을 키워야 한다. 보통 황금률은 7:3으로, 남이 말하는 것을 70% 정도 듣고 자기는 30%를 말하는 것이 좋다. 특히 상대가 얘기하는데 말을 끊고 끼어들고 말을 한다면 정말 대화상대로서 최악이다. 충분히 얘기를 듣고 공감하는 것이 중요하다. 영업의 기술에 있어서도 말을 잘해서 고객을 설득시키는 것보다, 고객의 말을 잘 들어주는 것만으로도 고객을 감동시킬 수 있다. 상대의 얘기를 들어주는 것은 상대를 존중해준다는 것이고, 그것으로부터 상대는 '저 사람은 겸손하다'는 생각이 들어 신뢰하게 된다.

건성으로 얘기 듣고 건성으로 대꾸를 하는 것보다 공감하는 것도 중요하지만, 추임새와 질문을 유도하는 것도 중요하다. 상대가 계속 이야기하게 하려면 좋은 질문들을 해야 한다. 나는 사람들에게 질문을 잘 던지는 편이다. 그 사람의 생각, 취미, 하는 일 등 조그마한 단서라도 있으면 연결고리를 만들어서 질문을 하면 얘깃거리가 계속 증폭되면서 상대도 계속 말을 하게 된다. 그러면서 관계도 가까워진다. 부스터의 능력 중의 하나는 상대의 좋은 장점과 탤런트를 찾아주는 것인데, 그 사람과 대화하면서 그런 것들을 포착할 수 있다. 미국에서는 이러한 Icebreaking 능력이 사교능력에 있어서 중요하다.

그리고 유머 감각도 가져야 한다. 예전에 미국에서 직장생활을 하면서 느낀 것은 미국 사람들은 생활 속에서 유머를 많이 구사한다는 점이다. 나는 일하기도 바쁜데 무슨 농담을 이리도 주고받나 했는데, 유머를 통해서 분위기를 부드럽게 만들고 직장생활의 윤활유처럼 빡빡하지 않게 만드는 힘이 있다는 것을 깨달았다. 한국처럼 권위주의적인 사회에서는 직장상사와의 미팅에서 농담을 주고받으며 회의한다는 것이 쉽지 않은 일이다. 그러나 이러한 쌍방향 소통은 사람의 사고를 자유롭고 창의적으로 만드는 힘이 있다.

전에는 말을 잘하는 것이 논리적인 것이라고 생각했는데 논리적인 말에 설득이 되는 사람이 있지만 대부분은 논리적 설명보다 감성적 설득이 위력을 발휘한다. 트럼프가 사람들을 선동할 때는 논리고 뭐고 없다. 포퓰리즘의 형태로 마음을 자극하는 것이다. 마틴 루터 킹 목사의 연설과 달나라에 갈 계획을 말하는 케네디 전

대통령의 발표, 이들의 공통점은 감성을 움직이는 말을 했다는 것이다. 결국 논리적 설득보다는 감성적 공감과 비전 제시가 더 중요한 작용을 하는 것 같다.

'우리는 10년 안에 달에 갈 것입니다. 이 일이 쉬워서가 아니라, 어려운 일이라는 점을 알기 때문입니다(케네디 전 대통령, 1961년 5월 25일 미국 상하원 합동 연설 중).'

마음을 움직이지 못하면 그 어떤 소통도 실패할 수밖에 없다. 독창적인 아이디어라도 대중이 알아주지 않으면 무용지물이다. 내가 보기에는 새로운 아이디어지만 이미 어딘가에 있을 수도 있고, 내 생각만큼 참신한 발상이 아닐 수도 있다. 대중이 받아들이기에 지나치게 난해한 아이디어일 수도 있다. 남달라지는 가장 확실한 방법은 최초로 시도하는 것이다. 물론 최초가 반드시 최고가 되는 것은 아니지만, 최고는 언제나 남다른 최초를 시도한다. 처음이기 때문에 일반 대중에게는 낯설고 이해가 되지 않을 수 있다. 최초로 시도한 혁명적인 생각과 창의적인 아이디어가 색다른 창조로 꽃피우기 위해서는 대중과의 소통을 통해 익숙하게 다가가야 한다. 창조가 소통 속에서 꽃필 수밖에 없는 이유다.

조리 있고 통찰력 있는 말이 되기 위해서는 생각하는 힘이 필요하다. 좋은 리더는 간단하게 말을 한다. 생각이 없는 사람들은 말을 할 때 횡설수설하는 경우가 많다. 말은 양보다는 질이다. 통찰력 있는 한마디가 중요하다. 때로는 글쓰기를 통해서 여러분의 말하기 능력도 기를 수 있다. 글쓰기는 생각의 에너지를 글로 모으는 과정이고 여기에는 여러분들로 하여금 뇌를 통해 생각하게 만드는 힘이 있다. 보통 조리 있게 말하려면 통찰력 있는 키워드나 주제가 머릿속에서 한 줄로 요약되어야 한다. 필자도 현재까지 8권의 책을 내고 신문사에 칼럼을 쓰고 있는데, 글 쓰는 것이 일상이 되니 나의 사고하는 능력과 말하는 능력도 더욱 향상됨을 느낀다.

⑩ 창업가 정신

전 시스코 회장 존 체임버스는 코로나 팬데믹이 자동화와 신기술, 디지털화, 인공지능(AI), 새로운 비즈니스 모델의 변화를 가속화하기 때문에 향후 10년 내에 포춘 500대 기업의 40%가 사라질 것이라고도 예측했다. 이제 과거처럼 생산의 3대 요소인 자본, 노동, 기술의 개념에서 벗어나 가치 창출과 경쟁력의 원천을 다시 한번 생각해봐야 한다. 일자리는 줄어들고 대기업, 공무원이 되기 위해서 치열하게 경쟁하는 것은 비효율적이다.

나도 예전에 90년대 후반에 복학하고 변리사 시험 준비를 4년간하였던 기억이 있다. 결국 시험에는 떨어지고 후에 미국에 이민을왔지만 미국에서는 공무원 시험 준비를 한국처럼 하지 않는다. 경력 위주로 뽑기 때문에 학원 다니면서 시험을 준비하는 시스템도아니고, 공무원이 한국만큼 맹목적으로 인기 있는 직업도 아니다. 그냥 직업 중의 하나이다.

미국은 실리콘밸리를 중심으로 여기저기 창업하는 젊은이들이 많다. 그렇다고 한국처럼 청년 벤처하는 사람에게 지원하는 각종 지원제도도 많지 않다. 철저하게 자본주의 논리로 상업적 가능성에 도전하여 시험을 받는 것이고 좋은 아이디어로 창업에 도전하는 것이다. 한국처럼 실패했을 때 재기할 수 있는 실패비용이 크지 않다. 한국은 한번 실패하면 나이제한 등으로 사회적 입지가 제한적이다. 4차 산업 시대는 자기 일자리를 자기가 만들어야 하는 시대이다. 1인 기업부터 벤처회사, 사회적 기업들이 많이 나와야 하는 시대이다.

창업가 정신은 자본주의의 생태계에서 없어서는 안 될 존재이다. 창업가야말로 사회에 가치를 더해주는 존재이다. 아무리 부동산투자를 해도 거기에는 새로 만드는 가치가 없다. 사회에 무언가 가치를 창조하는 것은 창업가의 몫이다. 경제학자 슘페터가 말하듯 자본주의는 '창조적 파괴'를 통해서 발전해왔다. 문제를 발견하고 해결하는 과정에서 가치를 만드는 것이다. 미국의 저력 중의 하나는 이러한 벤처 창업가들의 힘이다. 실리콘밸리에서 수많은 청년들이 미국과 인류의 미래를 만든다. 스티브 잡스, 제프 베조스, 일론 머스크 등은 창업가 정신의 전형이다. 한국처럼 재벌로 시작한 기업구조와는 철학이 다르다.

앞으로는 제레미 리프킨이 말하듯 '한계비용 제로'의 시대이다. 모든 서비스들이 무료화된다. 그만큼 창업하는 데 좋은 시기가 없다. 나의 경우도 2017년에 미국 식품 제조업 경험으로 FDA컨설팅을 시작하여 지금은 미국과 한국을 넘어 국제적으로 미국 식품법 전문가로서 활동하고 있다. 또한 좋아하는 분야의 책을 쓰고 부수입을 만들고 취미활동도 하고 있다. 아이디어 하나만으로 창업하여 자리를 잡은 케이스이고 현재도 지식기반 사업으로 식품 관련 IT회사로도 확장하고 있다. 대기업, 공무원에 목숨 걸지 않아도 된다. 블루오션으로 나아가야 한다. 자기 적성에 맞지도 않는 묻지마식 대기업, 공무원으론 당장 입에 풀칠을 하여도 여러분이 원하는 삶을 살 수 없다.

이제는 자기 먹거리를 자기가 만들어야 하는 시대이다. 이제 직장은 사라질 수 있지만 자기의 직업으로 커리어를 만들고 자기의 영역을 만들어야 한다. 『프리랜서의 시대가 온다』의 저자 이은지, 전민우는 성공하는 프리랜서가 되기 위해서는 다음과 같이 해야 한다고 말한다.

- 무조건 지금 당장 하고 싶은 일을 찾으라(유효한 시장 발견).
- 자신이 어떤 일을 잘하는 사람인지 스스로 확신할 만한 재능이 하나쯤은 있어야 한다.
- 당신의 거대한 팬덤을 만들기 전, 필요한 것은 단 한 사람의 팬이다. 팬을 만들기 위한 가장 효율적인 방법을 찾아라.

이 책에 따르면 아마추어는 '잘하는 일을 취미처럼 하는 것'이고 프로는 '잘하는 일로 돈을 버는 것'이라고 한다. 요즘 부캐로 여러 활동을 하면서 돈을 벌 수 있는 기회도 많이 생기고 있다. 하나의 직장, 사업이 아니라 여러 개의 직업, 사업을 하면서 자기가 좋아하는 취미가 일이 되는 시대가 온 것이다.

『노마드 라이프』의 저자 조창완은 진정한 노마드가 되기 위해 갖추어야 할 몇 가지를 정리했다. 나는 이것들이 창업가가 가져야 할 핵심역량이라고 생각한다.

- 독서 활동을 통해 자기 정체성을 만들라.
- 글을 쓰고 SNS로 소통하라.
- 기획력을 기르라.
- 전문적인 능력 하나 정도는 갖추라.
- 외국어도 한두 개쯤 하라.
- 인맥 관리에 최선을 다하라.
- 강연할 수 있는 능력이 있다면 더 많은 기회가 보장된다.
- 회복탄력성을 갖추라.

당신은 위에서 몇 가지나 준비되어 있는지 점검해 보자.

(3) 계획하기

드라마 「이태원 클라스」에서 박새로이가 한 말이 기억에 남는다. '나의 한계를 네가 정하지 마!' 살다 보면 자기만의 꿈이 있으나 남들의 부정적인 의견에 꿈을 접고 만다. 그러나 남들은 그 문제에 당신만큼 고민해본 적이 없다. 남이 당신의 인생을 책임져 주지 않는다. 당신의 목표로 나아가기 위해서 계획을 구체화하는 것이 중요하다. 막연히 목표만 정하는 것이 아니라 단계별로 어떻게 Action Plan을 만들지도 고민해야 한다.

나의 경우에는 목표, 버킷리스트, To-do-list를 항상 보이는 곳에 놓는다. 컴퓨터 바탕화면에 Sticky note 프로그램으로 붙여서 항상 리마인드되도록 한다. 아이디어 노트도 만들어서 순간순간 떠오르는 아이디어들을 적어 놓거나 휴대폰에 저장하고 한 번씩 꺼내서 책을 쓰든지, 비즈니스 등의 아이디어를 구체화해나간다. 포스트잇이든 노트든 메모하고, 생각의 연속성을 위해서 지속적으로 리마인드하거나 비주얼화하는 것이 좋다.

여러 가지 결정의 순간들이 다가올 때, 잘 결정하는 것은 참으로 쉽지 않다. 직관적으로 촉이 와서 바로 결정하는 것도 있고 바로 결정할 수 없는 문제들도 있다. 이렇게 결정이 쉽지 않은 경우에는 '잠정 사고'하는 훈련이 필요하다. 영어 숙어에 'sleep on it'이라는 표현이 있는데 이는 자면서 생각을 한다는 뜻으로, 곧 심사숙고한다는 말이기도 하다. 결국 어려운 결정에 대해 시간을 들여서 지속적으로 생각하면 무의식중에도, 꿈에서도 생각을 하게 되고 결정의 순간에 무르익은 판단을 하게 되는 순간이 온다.

수많은 파편이 머리에서 왔다갔다하면서 정리되지 않을 때는 어떻게 해야 할까? 정리를 잘하는 사람이라면 한숨을 쉬기 전에 일단 종이에 적어가며 머릿속 생각들을 표현해볼 것이다. 그다음은 무엇을 할까? 자신이 표현한 것들을 유사한 것끼리 묶는 작업을 할 것이다. 결국 생각을 정리할 때의 핵심은 하나의 덩어리로 만드는 것이다. 이렇게 유사한 것끼리 덩어리지어 묶는 것을 그룹핑(Grouping)이라고 한다. 반대로 생각의 파편이 너무 큰 덩어리로 묶여 있으면 어떻게 해야 할까? 이때는 그룹핑의 반대인 브레이크다운(Breakdown)을 진행한다. 덩어리가 너무 크면 핵심이 뭔지 파악하기 어렵기 때문이다.

기획도 그렇다. 문제를 바라보는 관점, 문제 해결 방안, 해결 방안에 대한 세부 과제를 도출할 때 우리는 그룹핑과 브레이크다운을 한다. 수많은 자료를 본 다음에 그 자료에서 얻은 내용을 그룹핑하여 핵심 이슈를 도출한다. 반대로 하나의 핵심 이슈는 다시 쪼개서 세부 이슈나 과제를 도출한다. 그래서 그룹핑과 브레이크다운만 잘해도 기본적인 기획을 할 수 있다. 앞서 말했듯, 사람들이 퍼즐을 맞출 때 유사한 색깔이나 그림 조각을 가지고 맞추는 것처럼 말이다. 아이디어를 도출할 때 수렴과 발산을 반복하듯이, 그룹핑과 브레이크다운을 반복해서 하다 보면 어느 순간 기획이 자연스레 된다. 기획의 핵심인 콘셉트 도출도 결국은 수많은 데이터에서 핵심을 추출하는 그룹핑 작업의 일환이다. 이런 생각의 구조화에서 핵심은 MECE이다. MECE는 'Mutually Exclusive, Collectively Exhaustive'의 약자로 어떤 것을 분류할 때 '상호배타적(Mutually Exclusive)이고 전체적으로 누락이 없어야 한다(Collectively Exhaustive)'는 것이다. 중학교 수학 시간에 배운 합집합과 교집합 개념으로 설명을 하면, 'Mutually Exclusive'는 교집합이 없음을 뜻하고 'Collectively Exhaustive'는 합집합을 의미한다. MECE는 기본적으로 브레이크다운 기술이지만 역으로 그룹핑할 수도 있다.

① 만다라트

계획을 실천하는 여러 가지 방법 가운데 최근 각광받는 것이 '만다라트 기법(Mandala-Art)'이다. 일본 디자이너 이마이즈미 히로아키가 1987년 불화 '만다라'의 모양에서 영감을 얻어 고안했는데, 일본의 투수 오타니 쇼헤이(23·닛폰햄 파이터스)가 '목표 달성법'으로 활용해 유명해졌다. 오타니는 고교 1학년 때 '8구단 드래프트 1순위'를 목표로 만다라트를 만들었고, 2년 만에 일본 구단뿐 아니라 메이저리그에서도 스카우트 제의를 받아 성공을 이뤘다.

만다라트는 가로 3칸 × 세로 3칸으로 이뤄진 9칸짜리 사각형 9개가 기본 형태다. 사각형 9개 중 가장 중심 사각형의 중심 칸에 제일 중요한 목표를, 이를 둘러싼 8칸에 그 목표를 이루는 데 필요한 세부목표들을 적는다. 여러분도 구체적인 여러분의 목표를 아래의 만다라트를 이용해서 구체적인 세부목표를 세울 수 있길 바란다.

몸관리	영양제 먹기	FSQ 90kg	인스텝 개선	몸통 강화	축 흔들지 않기	각도를 만든다	위에서부터 공을 던진다	손목 강화
유연성	몸 만들기	RSQ 130kg	릴리즈 포인트 안정	제구	불안정 없애기	힘 모으기	구위	하반신 주도
스테미너	가동역	식사 저녁7순갈 아침3순갈	하체 강화	몸을 열지 않기	멘탈을 컨트롤	볼을 앞에서 릴리즈	회전수 증가	가동력
뚜렷한 목표·목적	일희일비 하지 않기	머리는 차갑게 심장은 뜨겁게	몸 만들기	제구	구위	축을 돌리기	하체 강화	체중 증가
핀치에 강하게	멘탈	분위기에 휩쓸리지 않기	멘탈	8구단 드래프트 1순위	스피드 160km/h	몸통 강화	스피드 160km/h	어깨주변 강화
마음의 파도를 안만들기	승리에 대한 집념	동료를 배려하는 마음	인간성	운	변화구	가동력	라이너 캐치볼	피칭 늘리기
감성	사랑받는 사람	계획성	인사하기	쓰레기 줍기	부실 청소	카운트볼 늘리기	포크볼 완성	슬라이더 구위
배려	인간성	감사	물건을 소중히 쓰자	운	심판을 대하는 태도	늦게 낙차가 있는 커브	변화구	좌타자 결정구
예의	신뢰받는 사람	지속력	긍정적 사고	응원받는 사람	책읽기	직구와 같은 폼으로 던지기	스트라이크 볼을 던질 때 제구	거리를 상상하기

② 마인드 맵

마인드 맵(Mind Map)은 마치 지도를 그리듯이, 자신이 여태까지 배웠던 내용을 정리하거나 자기 관리 등을 할 수 있는 방법이다. 마인드맵은 계층 구조이며 전체의 조각들 간의 관계를 표시한다. 생각이 연상되는 대로 관련 키워드를 적어나가면서 사고를 확장하면 된다. 색깔이나 이미지를 넣어주면 더욱 목표를 비주얼화하여 자신의 목표를 구체화하기 좋다. 아래는 mindmup.com에서 무료로 제공한 앱을 이용하여 필자가 한국 방문 시 자가격리 기간 동안 할 일을 마인드맵으로 구성한 것이다.

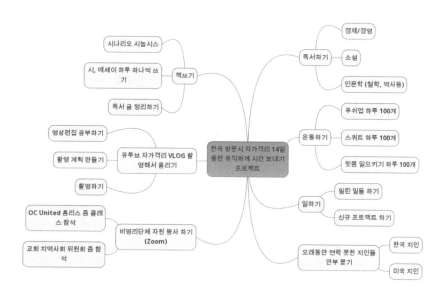

마인드 맵을 이용한 한국 방문 자가격리 14일 동안 할 일 계획표(이종찬)

오가와 히트시가 소개한 '마킹 사고'를 소개하면 다음과 같다.

첫 번째, 아이디어를 제시하는 것이다. 처음부터 완벽할 필요는 없다. 그보다 즉시성이 더 중요하다. 현대는 '스피드 사회'라고 한다. 오랫동안 생각하기보다 먼저 아이디어를 내놓고 거기서부터 조금씩 발전시켜 나가는 방법이 더 좋을 수 있다. 마치 포스트잇이나 매직 테이프를 붙이듯이 머릿속에서 여러 개의 잠정적인 결론을 생각해 보는 것이다. 독일의 철학자 후설은 모든 사물의 본질을 제대로 인식하기 위해서는 '에포케'가 필요하다고 말했다. 이 개념은 '판단 중지'라고도 번역되는데, 틀린 판단을 내리지 않기 위해 먼저 눈앞의 대상을 괄호로 묶어 보는 것을 말한다.

두 번째, 다양한 선택이 가능하다. 마킹 사고에서 결론은 잠정적이기 때문에 하나의 답을 억지로 찾지 않아도 된다. 마지막 진짜 결론을 내리기 전에 여러 개의 결론을 생각해 보자. 그 안에서 하나를 고르다 보면 마지막까지 장점과 단점을 비교해볼 수 있다. 물론 결국에는 어느 하나를 골라야만 한다. 하지만 비교할 대상이 있으면 선택이 쉬워진다. 예를 들어 포토그래퍼는 촬영을 마친 후 컴퓨터를 이용해 여러 개의 사진을 쭉 늘어놓고 비교한다. 여러 사진이 놓여 있으면 어느 것이 좋은지 쉽게 알 수 있기 때문이다. 그렇게 하나의 결론을 향해 조금씩 범위를 좁혀 간다. 「검법남녀」 드라마를 보면 백범 법의관이 수사하듯 모든 가능성을 선입견 없이 열어놓고 가능성을 좁혀 간다. 하나의 증거만으로 그 쪽으로 용의자나 사망의 원인을 단정짓는 오류를 피한다.

세 번째, 언제든지 의견을 철회할 수 있다. 일본인들은 일단 답을 내놓으면 어떤 문제가 생기더라도 좀처럼 그 의견을 철회하려 하지 않는다. 결국 이러지도 저러지도 못하는 상황에 빠지고 만다. 잠정적 결론이라는 전제는 그런 상태에서 우리를 끄집어낸다. 이로써 유연한 상황을 만들어 준다.

비즈니스의 계획은 다음 툴을 추천한다. 최근에는 비즈니스 모델을 설명할 때 비즈니스 모델 캔버스를 활용하는 것이 일반적인 추세다. 9가지의 캔버스 섹션에 하나씩 답을 찾아 나가고 눈에 보이는 곳에 붙여 놓는다.

8. 핵심 파트너	7. 핵심 활동	2. 가치 제안	4. 고객관계	1. 고객 세그먼트
핵심 파트너는 누구인가? 파트너가 실행하는 주요 활동은 무엇인가?	가치 제안을 위해 필요로 하는 핵심 활동은 무엇인가? **6. 핵심 자원** 가치 제안을 위해 필요로 하는 핵심 자원은 무엇인가?	우리가 전달하고자 하는 가치는 무엇인가? 우리가 만족시키는 고객 요구는 무엇인가?	어떤 유형의 고객 관계를 형성하고 유지할 것인가? **3. 채널** 세분화된 고객별로 어떤 채널을 통해 전달하는가?	우리가 창출하는 가치는 누구를 위한 것인가? 우리에게 가장 중요한 고객들은 누구인가?

9. 비용 구조	5. 수입원
우리의 BM에서 발생하는 주요 비용은?	고객이 기꺼이 지불할 만한 가치는 무엇인가? 현재 고객이 지불하고 있는 것은 무엇인가?

비즈니스 캔버스의 예시

첫 번째로 고객 세그먼트를 정해야 한다. 최근에는 롱테일의 법칙, 초세분화 전략이 대세이다. '롱테일(The long tail)'이라는 개념은 『롱테일 경제학』의 저자 크리스 앤더슨 박사에 의해 처음으로 제기되었다. 롱테일 법칙 이전에 통했던 '파레토 법칙(Pareto principle)'은 전체 성과의 대부분(80%)이 몇 가지 소수의 히트 아이템(20%)에 의존한다고 설명한다. 이에 반해 롱테일 법칙은 '인터넷과 모바일 혁명을 통해 채널이 다양화되었고, 고객들의 욕구도 다양해짐에 따라 이제는 판매량이 적은 다수의 아이템(80%)이 시장을 주도하게 될 것'이라고 주장한다. 즉 소수 히트 아이템의 판매량보다 다

수 틈새상품의 합계가 더 크다는 것이다. 롱테일 비즈니스 모델은 틈새고객에게 집중한다. 이렇게 롱테일 전략이 가능해진 배경에는 온라인과 모바일의 발전, 공유경제의 확산, 밀레니얼 세대의 부상 등 시대적인 변화도 영향을 주었다. 아마존과 넷플릭스 등이 좋은 예이다.

『소비 수업』의 저자 윤태영은 '소비는 구별짓기를 위한 현대인의 욕망이 분출되는 통로였다. 현대인들은 과시적으로 드러냄을 통해서 때론 보다 은밀하고 내밀한 방식으로 그들의 구별짓기 욕망을 실천했다. 이렇게 타자와의 구별짓기를 위한 현대인의 욕망은 소비라는 프리즘을 통해 다양한 색깔로 발현됐다'고 한다.

두 번째는 가치제안으로, 상품이 아니라 가치를 팔아야 한다. 저명한 하버드 경영학 교수 시어도어 레빗(Theodore Levitt)은 학생들에게 '사람들은 0.25인치 드릴을 사는 게 아니라, 0.25인치 구멍을 사는 것이다!'라고 말했다. 좋은 마케터는 밝은 두 눈으로 고객의 잠재 수요를 통찰하는 일을 잊어서는 안 된다.

세 번째는 채널이다. 우리가 판매할 상품이나 서비스가 어떤 경로로 판매될 것인가이다. 상품이면 오프라인, 온라인, 도소매 등이 있고, 서비스이면 직접 고객 제공, 파트너 협약 등 다양한 채널을 결정하여 초점을 맞춰야 한다. 요즘은 온라인 채널이 대세이므로 온라인 마케팅 툴을 활용해야 한다.

네 번째는 고객관계이다. 요즘은 팬덤 경제가 인기이다. 두터운 팬덤을 가지고 있으면 어떤 제품과 서비스를 내놓아도 팬덤들은 구매한다. 한류 열풍을 타고 BTS가 전 세계 아미들에게 앨범이나 콘서트를 내놓으면 지속적으로 구매한다. 최근 MZ세대들의 소비 형태는 제품을 수동적으로 구매하는 것이 아니라 기업과의 SNS 활동을 통해서 제품과 서비스에 대한 적극적인 피드백을 남기고 신제품에 반영하는 등 제작에도 참여하는 '팬슈머'가 트렌드이다. 이제는 소비자와 적극적으로 소통을 해야 살아남는다.

다섯 번째는 수입원이다. 비즈니스를 기획할 때 이 부분이 가장 중요하다. 아무리 시장기회가 있고 소비자 수요가 있어도 수입이 어떻게 발생할 것인가가 중요하다. 특히 서비스나 IT 플랫폼 등의 비즈니스는 어떻게 수익을 만드는지가 중요하다. 아무리 시장이 크고 잠재고객이 많아도 돈을 만드는 비즈니스 모델이 명확하지 않으면 사업이 문을 닫는 것은 시간문제이다.

여섯 번째는 핵심자원이다. 우리가 가진 돈, 역량, 맨파워, 노하우 등을 말한다. 남보다 우월한 무언가가 있어야 한다. 이를 핵심 역량(Core competency)이라고도 한다. 남들이 못하는 한 가지가 있어야 제품도 차별화되고 성공할 수 있다.

일곱 번째는 핵심활동이다. 위의 핵심 자원을 가지고 우리가 만들어낼 수 있는 가치들이다. 핵심역량들의 조합으로 다양한 가치들을 만들 수 있다.

여덟 번째는 핵심 파트너이다. 협업을 통해서 제품과 서비스를 더 확장시키고 소비자에게 접근할 수 있다. 전략적으로 어떤 상대들과 협업을 할 것인지 결정하고 협업을 통해 사업의 인프라를 구축하면 고객 발굴과 자원 공급 등의 혜택을 볼 수 있다.

아홉 번째는 비용구조이다. 적정한 가격을 설정하기 위해선 직간접적 비용을 계산해야 한다. 적당한 수익이 발생하지 못하는 원가구조라면 사업성을 재고해야 한다. 원가 절감을 위한 효율적 경영관리가 필요하다.

위의 아홉 가지 외에도 중요하게 생각하는 측면들을 포함하여 비즈니스 캔버스에 정리하고 계속 생각을 발전시킨다면 훨씬 좋은 비즈니스 계획이 나올 것이다.

(4) 실행하기(Execute)

『법구경』에 다음과 같은 말이 있다. '고운 꽃은 향기가 없듯이 잘 설해진 말도 몸으로 행하지 않으면 그 열매를 맺지 못한다.' 또

신약성경 야고보서 2:17에서는 '행함이 없는 믿음은 그 자체가 죽은 것'이라고 했다.

필자는 아이디어가 생각나면 즉시 실행에 옮기는 편이다. 'Just do it'이라는 나이키 광고 문구처럼 바로 실행하는 것들이 많다. 평소 버킷리스트에 하고 싶은 일들을 적어놓고 매일 보고 있다. 새로운 아이디어(일, 책, 취미, 사회봉사 등)이 생각날 때마다 아이디어 창고에 저장하고 하나씩 실행하고 있다. 어떤 것은 고민을 더 한 뒤에 구체화되면서 하는 것도 있고, 어떤 것은 바로 실행에 옮기는

것도 있다. 실행력은 창의성과 더불어 부스터의 가장 중요한 2가지 요소 중 하나이다.

도산 안창호는 '소에게 무엇을 먹일지에 대한 토론으로 세월을 보내다가 소를 굶겨 죽였습니다. 백(百)의 이론보다 천(千)의 웅변보다 만(萬)의 회의보다, 풀 한 짐 베어다가 쇠죽을 쑤어준 사람은 누구입니까? 그 사람이 바로 일꾼입니다'라고 하였다. 아무리 훌륭한 이론과 꿈이 있어도 실행하지 않으면 말짱 헛일이다. 그래서 내가 추구하는 것도 '현장형 사상가'이다. 이론을 몸소 실천하는 사람이 되자는 것이다. 하지만 실천만 있으면 맹목적이 된다. 그래서 때로는 이론적으로도 어떻게 해야 세상이 더 행복해질까 고민하는 이론적 상상도 필요하다. 매년 초 같은 신년 계획을 세우고 실행하지 못하는 사람을 많이 본다. 나이든 노인들이 가장 많이 하는 말은 젊었을 때 더 놀고 더 구경하고 하고 싶은 걸 하라는 말이다. 실행력도 하나의 능력이다. 성공한 사람들은 상상력이 좋은 사람도 있지만 결국 그 상상력을 몸으로 실천한 사람이다.

『원하는 꿈을 얻는 확실한 지혜』의 저자 크레이그 맥클레인은 원하는 것을 얻으려면 주변 사람들의 말을 듣지 말라고 조언한다. 특히 부정적인 견해로 찬물을 끼얹는 경향이 있는데 물론 상대를 진심으로 걱정해주는 것도 있지만 실제로는 상대에게 배가 아프거나 비교되기 싫어서 하는 말도 많다는 것이다. 무소의 뿔처럼 혼자서 가야 한다. 나도 인생을 돌아보면 여러 가지 꿈을 이룬 것은 남의 부정적인 조언들을 잘 막아내었기 때문이라고 생각한다. 4차 산업 시대는 이전에 없는 것을 만드는 창의적인 사람이 필요하고, 남의 부정적인 견해를 이겨낼 수 있는 추진력 있는 사람이 필요한 시대이다. 주변에 초를 치는 사람보다 꿈을 같이 이루어갈 수 있는 사람들이 많을수록 당신은 더 성장할 수 있다.

요즘에는 빠른 트렌드를 따라잡기 위해서 '린 스타트업(Lean Startup)'과 '애자일' 경영방식이 많이 쓰인다. 린 스타트업은 제품이나 시장을 발달시키기 위해 기업가들이 사용하는 프로세스 모음 중 하나로서, 애자일 소프트웨어 개발과 고객 개발(Customer Development), 그리고 기존의 소프트웨어 플랫폼(주로 오픈소스) 등을 활용한다. 린 스타트업은 우선 시장에 대한 가정(market assumptions)을 테스트하기 위해 빠른 프로토타입(rapid prototype)을 만들도록 권한다. 그리고 고객의 피드백을 받아 기존의 소프트웨어 엔지니어링 프랙티스(폭포수 모델 같은)보다 훨씬 빠르게 프로토타입을 진화시킬 것을 주장한다. 린 스타트업에서 하루에도 몇 번씩 새로운 코드를 릴리즈하는 것은 드문 일이 아니다. 이를 위해서 지속적 배포(Continuous Deployment)라는 기법을 사용한다.

린 스타트업은 때로 린 사고방식(Lean Thinking)을 창업 프로세스에 적용한 것으로 설명되기도 한다. 린 사고방식의 핵심은 낭비를 줄이는 것이다. 린 스타트업 프로세스는 고객 개발(Customer Development)을 사용하여, 실제 고객과 접촉하는 빈도를 높여서 낭비를 줄인다. 이를 통해 시장에 대한 잘못된 가정을 최대한 빨리 검증하고 회피한다. 이 방식은 역사적인 기업가들의 전략을 발전시킨 것이다. 시장에 대한 가정들을 검증하기 위한 작업들을 줄이고, 시장 선도력(market traction)을 가지는 비즈니스를 찾는 데 걸리는 시간을 줄인다. 이것을 최소 기능 제품(Minimum Viable Product)이라고도 한다. 다른 말로는 최소 기능 셋(Minimum Features Set)이라고도 불린다.

애자일은 '날렵한, 민첩한'이란 뜻의 영어단어 'Agile'에서 온 용어로, 1990년대 중반 미국 소프트웨어 개발업계에서 처음 등장한 개념이다. 당시 대부분의 소프트웨어 개발사들은 조직 상부에서 심혈을 기울여 세운 계획을 하부에서 그대로 실행하는 '워터폴(Waterfall)' 방식으로 제품을 개발했다. 그러나 제품 기획을 꼬박 1년 걸려서 했는데 소비자들은 '시작화면이 안 좋은데요'하면서 마음에 들어 하지 않는다. 다시 고객의 피드백을 듣고 6개월 뒤에 수정된 신제품을 출시하니 이젠 다시 예전 제품이 좋다고 하는 아이러니가 발생한다. 그래서 애자일 기법으로 신제품 출시를 단축하고 그때그때 시장의 피드백을 반영하는 방법을 사용하기 시작했다.

이제는 이것이 신제품 개발뿐만 아니라 경영전반에도 쓰이는 운영 철학이자 조직 문화가 되었다. 예전에는 사업계획에서 5년, 10년 등의 장기계획을 수립하고 사업을 했지만 시대가 워낙 불확실하고 변동성이 크기 때문에 5년, 10년의 장기계획을 수립하는 것은 쓸모가 없어지는 경우가 많다. 예전에 2차 대전 중에 일본군들은 한번 계획을 세우고 그대로 밀고 나가는 유연성 없는 전략을 구사하여 망한 작전들이 한두 번이 아니다.

애자일의 가장 큰 목표는 환경 변화에 좀 더 기민하게 대처하는 것이다. 대신 애자일은 두루뭉술한 아이디어에서 출발해 최대한 빨리, 최소한의 형태만 갖춘 제품을 만들어 시장에 내놓고 고객들이 제품에 반응과 지적을 보내면 이를 반영한 제품을 다시 공개하면서 고객 만족도가 정상 궤도에 오를 때까지 계속하는 것이다. 결국 애자일의 핵심은 사전에 수립한 계획을 그대로 따라가려다 시간과 비용을 낭비하지 말고, 환경 변화에 유연하게 대처하는 방법이다.

가설주도 창업과정 이론도 위의 개념들과 비슷하다. 아래의 플로우 차트처럼 사업을 하다 보면 여러 가지 가정들을 가지고 사업계획을 짠다. 그러나 이 가정들이 항상 맞는 것이 아니므로 결국은 이 가정들을 빨리 시험해서 검증해 보고 자신에게 맞는 창업 가정들을 취해야 하는 것이다. 일단 큰 비전이 설정이 되었으면 실천 가능한 계획들(가설들)을 하나씩 또는 동시에 진행하면서 잘 작동되는 것만 취하면 된다.

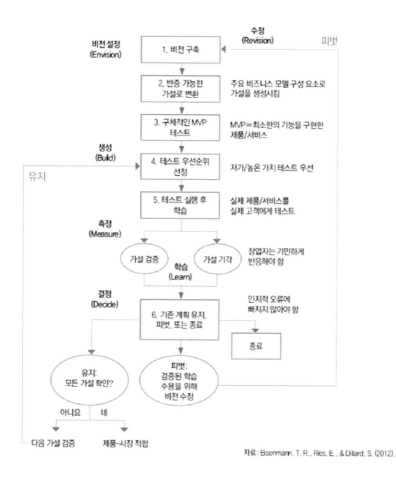

비전 설정
(Envision)

수정
(Revision)

피벗

1. 비전 구축

2. 반증 가능한 가설로 변환 — 주요 비즈니스 모델 구성 요소로 가설을 생성시킴

3. 구체적인 MVP 테스트 — MVP=최소한의 기능을 구현한 제품/서비스

생성
(Build)

유지

4. 테스트 우선순위 선정 — 저가/높은 가치 테스트 우선

5. 테스트 실행 후 학습 — 실제 제품/서비스를 실제 고객에게 테스트

측정
(Measure)

가설 검증   가설 기각 — 창업자는 기민하게 반응해야 함

학습
(Learn)

결정
(Decide)

6. 기존 계획 유지, 피벗, 또는 종료 — 인지적 오류에 빠지지 않아야 함

종료

유지: 모든 가설 확인?

피벗: 검증된 학습 수용을 위해 비전 수정

아니요   네

다음 가설 검증   제품-시장 적합

자료 : Eisenmann, T. R., Ries, E., & Dillard, S. (2012).

실행력은 주기적으로 모니터링이 되어야 한다. 만날 계획만 세우고 실천을 못 하는 사람이 수두룩하다. 아래는 당신의 하루, 일주일, 한 달, 연 단위 실행력 점검 평가표이다. 여러분의 하루가 곧 일생의 축소판이다. 하루가 어떤 의미로 쓰이고 있는지 의식적으로 살지 않으면 인생은 '훅' 간다. 어른이 되면 다 성숙하고 많은 일들을 한 사람이라고 생각했지만 내가 나이가 들다 보니 그냥 인생을 허비하는 사람들을 너무 많이 본다. 하루라는 바느질을 한 땀씩 땋아가다 보면 성장하는 일 년이 되고 그것이 여러분의 인생이 되는 것이다.

평가일 : _____	자기성장(0~5) Growth Boost	남 돕기(0~5) Social Boost	환경 돕기(0~5) Environmental Boost	합계 (15점 만점)
하루				
일주일				
한 달				
일 년				

Booster ESG Matrix(이종찬)

(5) 피벗팅 확장하기(Pivot)

경영학에서의 피벗팅은 한국말로 번역하자면 비전을 바꾸지 않고 전략을 바꾸는 것이다. 피벗(pivot)은 완전히 새로운 모델을 만들어내거나 사업 자체를 바꿔버리는 것이 아니다. 단순하게 전략을 바꾸는 것이지, 회사의 가치나 비전, 목표를 전면 새롭게 정의하는 개념은 아니다. 그러나 스타트업들이 피벗(pivot)을 '사업 아이템을 바꾸는 행위'정도로 알고 있는 경우가 많다고 들었다. 예를 들어,

페이팔(PayPal)은 원래 PDA끼리 돈을 주고받을 수 있는 서비스인 Cofinity를 운영했다. 고객들이 돈을 주고받는 서비스를 PDA 밖에서도 원하기 시작하자 페이팔은 PDA로 국한했던 서비스를 버리고 온라인상에서의 거래 시스템을 개발하는 데 성공했다.

아마존은 플라이휠 전략으로 사업을 확장해 나가고 있는데 이것도 피벗팅과 유사한 개념이다. 처음에 고객을 선점하기 전까지는 회사가 엄청나게 적자를 보았다. 내가 MBA를 할 때인 2000년대 후반 케이스 스터디를 한 적이 있는데 그 당시 화두는 '과연 아마존이 월마트를 이길까'였다. 그때 나는 언젠가는 아마존이 월마트 이상으로 커질 것이라고 예상을 했는데 예상은 맞았다. 일단 프라임 멤버십으로 사람들을 유도하여 무료배송을 한다. 처음에는 미국 내 거점별로 물류창고 등의 인프라를 갖추느라 수익이 나지 않는다. 그러나 손님이 많아질수록 인프라 코스트는 낮아지고 운영은 효율화되어 가격경쟁력이 생기기 시작한다. 그래서 더욱 고객이 늘어나고 트래픽이 늘어나니 벤더들도 더 모인다. 벤더들에게도 수수료를 책정하여 양쪽에서 수수료를 받는다. 이제는 고정고객들을 대상으로 청소서비스, 약국서비스, 음악, 영화 등의 엔터테인먼트, 그로서리 마켓 등의 점포를 내면서 근접영역으로 확장하기 시작한다. 이것도 피벗팅의 좋은 예이다.

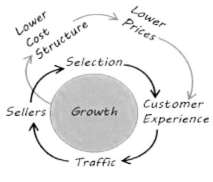

아마존의 플라이휠

이것은 개인의 피벗팅으로도 활용 가능하다. 한 분야에서 성공하거나 안정감 있게 기술을 습득하여서 그것이 사업이나 직업이 되었다면 이제는 근접 분야로 한 발을 피벗팅할 수 있다. 먼저 작은 성공이 필요하다. 어떤 사람들은 사업에서 이것저것 손대고 시간과 돈만 낭비하고 아무것도 이루지 못하는 경우를 보았다. 먼저 작은 성공이라도 해야 피벗팅을 할 수 있다. 한 분야에서, 한 시장에서 먼저 성공해야 다음 단계로 나가는 피벗팅이 될 수 있다.

미국의 식품 대기업인 프리토 레이의 마케팅 부사장 리처드 몬타네즈 이야기는 개인 피벗팅의 좋은 예라고 생각한다. 리처드는 멕시코에서 태어나 미국에 이민 온 노동자 가정이다. 영어도 제대로 못해서 공장에서 청소부로 취직을 하게 된다. 당시 프리토 레이 CEO의 직원에게 보내는 편지에서 '회사에서 주인의식을 가지고 일해라'라는 메시지를 보면서 어떻게 하면 회사를 위해 이바지할까 고민하게 되었다. 하루는 공장에서 치토스에 주황색 치즈가루가 뿌려지지 않아 많은 불량품 과자를 집으로 가져오게 되었고 이 불량제품으로 어떻게 하면 색다른 맛을 느낄 수 있을까 고민했다. 멕시코 사람들은 매운 음식을 좋아해서 각종 구운 옥수수나 과일들에 매운 고춧가루를 뿌려 먹는다는 것에 착안해서 매운 고추를 발랐다. 맛이 좋다는 가족들의 평가에 힘을 받아 회사의 CEO에게 전화를 하기로 한다.

리처드가 CEO에게 전화하자 처음에는 비서가 전화를 받아서 어디서 전화했냐고 물어봤다.

"여기 캘리포니아 공장인데요……"

"아 공장장이세요?"

"아니요, 공장 청소부인데요……"

결국 CEO와 연결이 된 리처드는 CEO와 대화를 하였고 날을 잡아서 프리젠테이션을 하게 된다. CEO를 만나는 날 3불짜리 넥타이를 처음 사서 동네 사람에게 넥타이 매는 법도 배웠다. 그렇게 하여 프리젠테이션을 무사히 마쳤고 지금 우리 아이들이 좋아하는 '치토스 매운맛'이 탄생하게 되었다. 지금은 다문화 제품 판매 부사장으로 승진하여 성공한 이민자의 모델로 꼽힌다. 리처드는 자기가 Ph.D가 있다고 농담한다. 가난해 봤고(Poor), 배고파 봤으며(Hungry), 결의에 차 보았다(Determined)라고 말이다.

나의 이야기를 하자면, 나도 2005년에 미국으로 이민을 와서 조금씩 피벗팅을 한 케이스이다. 이민 온 2005년에 내 나이가 30대

초반이어서 어중간한 나이였다. 한국에서의 대학과 직장 경력을 여기서 연결하여 사용하기도 애매했다. 초반에는 미국 직장에 바로 들어갈 수 있는 경력도 없었다. 다행히 카투사에서 군복무를 했고 한국 회사 해외영업팀에서 일을 해왔기 때문에 영어가 완벽하진 않아도 업무하기엔 불편하지 않았다. 몇 군데의 조그만 한인회사를 다니다가 이대로는 커리어 발전이 없다고 생각하고 한인 식품제조 공장의 품질 관리 매니저로 직장을 옮겼다. 경험은 없었지만 화공과를 나왔기 때문에 식품제조 분야는 어렵지 않았다. 그렇게 경력을 쌓았고 밤에는 MBA를 다녔다. 품질관리 매니저와 MBA가 서로 매치는 안 되지만 나중에 미국 직장으로 이직하면 써먹을 수 있을 거라는 막연한 생각을 했다. MBA를 마치고 진짜 미국 벤처회사에 입사했다. 그곳에서 매니저로 시작해서 VP(부사장)으로 승진도 했다. 이후에 다시 미국 식품회사로 이직하여 매니저 일을 하다가 2017년에 FDA 식품 컨설팅을 시작하여 여기까지 오게 되었다. 자세한 사항은 나의 다른 저서 『게으름의 경영학』 또는 『성령이 이끄는 경영』에도 나온다. 미국 이민 와서 처음에 고생하다가 직장에서 몇 번 해고도 당하면서 여기까지 오게 된 여정을 담았다.

자세한 것을 다 얘기할 수는 없지만 그래도 큰 비전을 가지고 미국에서 안정적인 직업(혹은 사업)의 목표를 가지고 계속 공부를 해왔고 한국에서 변리사 공부한 것, 미국 세무사 공부한 것, 미국 부동산 브로커(Salesperson과 Broker의 두 종류가 있는데, 상위 단계인

Broker) 자격도 딴 것들이 지금의 미국 생활과 나의 컨설팅에 두루두루 사용되고 있다. 40대 이전까지는 도대체 내 인생의 갈피를 잡을 수 없는 상황에서 살았다. 그러나 그 와중에도 지속적인 자기계발과 인생의 목적을 가지고 있으면 언젠가 꿈은 이루어진다고 생각한다.

나는 미국에 아메리칸 드림을 가지고 왔지만 지금은 세속적인 아메리칸 드림(돈 잘 벌고 아이들 좋은 대학 가는 것)이 아니라 좀 더 큰 그림의 드림을 꿈꾼다. 와서 나만 잘 먹고 잘사는 것이 아니라 미국에 이바지할 수 있는 이민자로서 나만 아니라 주변의 이웃도 돕고 미국 사회에도 이바지하는 것이다. 현재도 홈리스를 위한 봉사활동을 하면서 그들이 사회에 다시 정상적으로 복귀할 수 있도록 돕고 있다. 그리고 회사 사업 역시 그냥 이익 추구만이 아니라 사회적·환경적 이슈를 해결할 수 있는 목표를 가지고 사업을 한다.

내가 MBA를 마치고 '기업의 사회적 책임(CSR)'을 공부하고 싶어서 온라인 대학에서 박사과정을 했지만 그 대학은 돈만 밝히는 학위 장사를 하는 학교였고 지도교수도 그 분야 전공이 아니었으며 나의 논문의 방향도 잘 알지 못하였다. 결국 학교 소송으로 학업은 중단되었고 아까운 돈만 날리게 되었다. 하지만 지금 후회는 없다. 그래도 그 분야의 Coursework을 마쳐서 웬만한 이론적 부분들을 다 숙지하였고 지금은 내가 하는 비영리단체 봉사활동을 하면서 다시 몸소 실천하고 있다. 언젠가 비영리단체를 만들어 사회적 기업을 만드는 것이 또 하나의 꿈이다. 지금은 일자리 창출을 위한 주변 비영리단체들의 활동들을 지원히면서 경험을 쌓고 있다.

꿈은 하루아침에 '대박을 치면서' 이루어지는 것이 아니라 비전을 가지고 한 발씩 움직일 때 이루어지는 것 같다. 내가 비전을 가지고 선한 영향력을 행사한다면 신이 도와준다. 지금 당신이 계획하는 일의 첫 발이 중요하다. 이루어지는 꿈을 위해 기도하는 것도 중요하지만, 실행을 위해 한 발짝 떼는 것은 여러분의 몫이다.

⑹ 주변 사람을 부스트하기

얼마전 넷플릭스에서 개봉한 「힐빌리의 노래」라는 영화가 있다. 원작은 2016년도에 출간된 J. D. 밴스의 회고록 『힐빌리의 노래 : 위기에 처한 가족과 문화에 대한 회고록(Hillbilly Elegy : A Memoir of a Family and Culture in Crisis)』이다. 켄터키주에서 살다가 공장과 광산이 많은 오하이오주 애팔라치아 산지의 미들타운에서 거주한 3대의 가족이 지역경제의 부침과 함께 겪은 파란만장한 온갖 가정사를 예일대 로스쿨에 다니는 J. D. 밴스가 기술하였다. 1980년대부터 국제경쟁력이 떨어지는 미국의 공장들이 문을 닫고 지역주민들이 실직함에 따라 빈곤이 만연하고 일자리가 없는 남성들이 술과 약물에 중독되고 가정이 파탄에 이르는 상황을 주인공의 눈을 통해 담담하게 묘사하고 있다.

이들은 일반적으로 러스트 벨트(Rust Belt)에 사는 백인 노동자로 분류된다. 마침 이 책이 발간되었을 때 2016년 미국 대통령 선거전에서 공화당 후보인 도날드 트럼프가 전에는 중산층이었으나 지금은 가난해진 미국 중부지역 백인 유권자들을 집중 공략함에 따라 이 책도 언론의 관심을 끌었다. 주인공 J. D.의 엄마는 전직 간호사로서, 헤로인 중독으로 실직하고 재활치료를 받아야 하는 주인공의 모친이 겪었던 고단한 삶과 이를 가까이서 지켜보며 외손주 남매를 키워준 외할머니가 집안의 버팀목 역할을 해야 했던 눈물겨운 사연이 그려져 있다. 아울러 이른바 '흙수저'에 속하는 주인공이 명문 예일대 로스쿨에 다니면서 대형 로펌에 인턴(보조변호사)으로 취업하게 된 과정이 과거의 가정사를 회상하는 형식으로 소개되고 있다.

외할머니는 '매일매일 자신의 선택이 장래의 나를 결정한다'는 가르침을 주인공에게 일러준다. 이 가르침에 따라 주인공은 고등학교 졸업 후 해병대에 자원입대하여 이라크에도 파병되었고 오하이오 주립대학을 마친 후에는 예일대 로스쿨에 입학할 수 있었다. 외할머니는 진정한 부스터이다. 외할머니가 한 얘기 중에 가장 기억에 남는 것은 '태어나는 곳을 결정할 수는 없지만 매일 누가 될 것인가는 결정할 수 있다'는 말이다. 할머니 같은 사람이 진정한 부스터이다.

미국 펜실베이니아대 와튼 스쿨 교수인 애덤 그랜트는 최근 부인 앨리슨 스위트 그랜트와 함께 미국의 시사 월간지 「애틀랜틱」에 쓴 글 '성공적인 아이로 키우려 하지 말고 친절한 아이로 키워라

(Stop Trying to Raise Successful Kids And Start Raising Kind Ones)'에서 아이에게 공부를 잘하라고 독려할 게 아니라 친절하고 사려 깊은 아이가 될 수 있도록 교육해야 한다고 지적했다. 그랜트 교수는 말한다. 아이가 친절하고 사려 깊게 행동한다고 해서 성취가 방해받는 건 아니며 오히려 더 많은 성취에 도움을 줄 수 있다는 것이다. 부모는 자녀의 성적으로 평가를 받는 게 아니라 자녀가 어떤 사람이 되고 다른 사람을 어떻게 대하는지를 보고 평가를 받아야 한다는 것이다. 결국 남을 도우면서 자신도 성장하는 부스터형 인간이 되어야 한다.

우리가 가난하고 소외된 자들을 도와야 하는 것은 종교적·도덕적 책임감도 있지만 현실적으로 자신의 힘만으로는 틀 밖으로 나오기 힘들기에 디딤돌이 필요한 것이다. 최빈국인 아이티에 봉사활동을 가 보면 그야말로 아노미 상태이다. 정치지도자들이 썩은 것은 물론이고 사회전반의 인프라도 없고 사람들도 부도덕한 사람들이 많다. 도저히 어디서부터 도와야 할지 엄두가 나지 않는다. 가난함에는 미래를 걱정할 여유가 파고들 틈이 없다. 하버드대 경제학과 센딜 멀레이너선 교수와 프린스턴대 심리학과 엘다 샤퍼 교수가 쓴 『결핍의 경제학 : 왜 부족할수록 마음은 더 끌리는가』에 따르면 가난한 환경에서 자란 아이들은 장기적인 계획을 세우기보다는 단기적인 보상에 집착하는 것으로 나타났다. 그래서 그들이 장기적인 비전을 가지고 인생을 설계하고 꿈을 이루어 나가게 하는 것은 너무나 중요하다.

『결핍의 경제학』에서는 시간에 쫓기는 사람, 돈에 쪼들리는 사람, 다이어트를 하는 사람의 공통점은 필요로 하는 것보다 적게 가진 사람들이라고 한다. 즉, 결핍 상태에 있다. 결핍되어 있을 때 우리는 부족하다는 생각에 사로잡혀서 다른 생각을 하지 못한다. 결핍감이 사고방식을 지배한다. 오로지 결핍을 제어하는 데만 초점을 맞추고 집중한다. 이러한 결핍감 덕분에 집중력을 발휘해 종종 효율이 높아지기도 하지만 어떤 한 가지에만 집중한다는 것은 다른 것들을 경시할 수 있기 때문에 시야가 좁아지게 된다. 그러므로 부스터가 옆에서 다른 시야로 다른 것도 얘기해 줄 수 있는 도움이 필요하다.

공감 능력이 다양한 동물들에 존재하고 진화된 속성이라고 알려져 있으나 어떤 사람들에게는 넘치도록 우러나고 또 어떤 사람들에게는 원래부터 없었던 것처럼 메말라 있다. 미래학자 제레미 리프킨은 '공감은 길러지는 게 아니라 무뎌지는 것'이라고 저서『공감의 시대』에서 말한다. 우리는 모두 충분한 공감 능력을 갖추고 태어났고 이는 우리 종을 만물의 영장으로 만들어주는 데 기여했다. 이 타고난 습성이 무뎌지지 않도록 사회가 함께 노력해야 한다. 생태학자인 최재천 교수는 '호모 심비우스(Homo symbious)'를 얘기하며『손잡지 않고 살아남은 생명은 없다』라는 책에서 자연계뿐만 아니라 인간도 공감과 협력을 통해서 살아남을 수 있다고 얘기한다.

좋은 리더는 자기만 성장하고 혼자 잘 먹고 잘사는 사람이 아니다.『멀티플라이어』의 저자 리즈 와이즈만은 성공하는 조직을 멀티플라이어(Multiplier)라고 부른다. 반대는 디미니셔(Diminisher)라고 한다. 멀티플라이어는 자기의 조직원들을 기르고 각 개인의 탤런트를 발견해서 각 조직의 부분들이 알아서 돌아가도록 만든다. 반면 디미니셔는 모든 것을 마이크로 매니지하려고 하며 큰 시야를 가지고 권한을 위임하지 않고 미주알고주알 다 참견하는 스타일이다. 조직이 자발적으로 성장하려면 멀티플라이어의 자세가 필요하다. 우리가 남을 돕기 위해서도 멀티플라이어의 자세가 필요하다.

무작정 도와주는 것은 도움을 받는 사람도 성장하지 못할 수 있으므로 조심해야 한다. 물고기를 주는 것보다 물고기를 잡는 법을 가르쳐야 한다. 필자도 미국에서 홈리스 사역, 해외 후진국에서 구제 사역을 하다 보면 이것이 단순히 물고기를 잡는 것에만 치중되어 있지 않은지 고민하며 참여한다.

다음과 같이 멀티플라이어의 5가지 원칙을 제시한다.

• 재능 자석 : 인재를 끌어와 최대한 활용한다.

• 해방자 : 최고의 사고력을 요하는 열정적 분위기를 만든다.

• 도전 장려자 : 도전할 기회를 제시한다.

• 토론 조성자 : 토론으로 결정을 내린다.

• 투자자 : 책임감을 심어준다.

작가 섀넌 앨더(Shannon Alder)는 위의 질문들에 현명한 대답을 내놓았다. '자신의 꿈을 함께 나눌 사람들을 초대하는 것은, 악천

후 속에서도 같이할 미래의 동지를 만드는 것이다.'

'누구도 혼자서는 성공할 수 없다'고 리처드 브랜슨은 말한다. 21세기에 개인의 성장을 위해 네트워크를 구축하는 것은 맞는 사람들과 연계하고 협업하는 데 달려 있다. 이는 좀 더 깊숙한 단계에서 자신의 목표와 포부를 이해하고, 자신과 그룹 전체의 성장을 공동이익으로 발전시킬 수 있는 사람들과 자유롭게 지식과 통찰을 나누는 것을 의미한다. 오직 함께 움직이는 법을 배워야만 우리는 더 빨리 움직일 수 있다. 이를 해결해줄 열쇠는 다양한 사람들과 교류하는 것인데, 왜냐하면 다양성을 통해 경쟁력을 확보할 수 있기 때문이다.

『인맥보다 강력한 네트워크의 힘』의 저자 재닌 가너는 내 주변에 두어야 할 핵심적인 4가지 부류의 사람들을 제시한다. 남을 돕기 위한 부스터가 되기 위해서는 내가 어떠한 타입으로 그런 부스터가 될 지 고민해야 한다.

- 촉진자(Promoter) : 잠재적인 가능성을 적극적으로 어필하고 당신이 큰 꿈(당신의 불)을 가지도록 북돋는다.
- 정비담당자(Pit Crew) : 당신을 바르게 이끌어주고 보살피며 당신을 짓누르는 불편한 감정들을 막아준다.
- 선생님(Teacher) : 지식, 지혜, 혜안을 기르도록 돕는다.
- 버트 키커(Butt-kicker) : 성공으로 가는 당신의 여정을 가속화하고, 당신을 좀 더 밀어붙이고 책임감을 지운다.

인맥이 인위적으로 넓은 것도 피곤하다. '던비의 수' 이론에 의하면 통상적인 인간관계를 유지할 수 있는 사람의 수는 150명이라고 한다. 그러나 적어도 내 주변에 부스터를 두거나 내가 부스터가 되어서 서로 상호작용할 수 있는 사람을 두는 것은 중요하다.

코로나19는 인간관계의 근본적인 변화를 가져왔다. 사람들은 자신이 원하지 않는 관계를 코로나19를 명분 삼아 재정리하고 있다. 이제 자발적 동기에 의하지 않은 인간관계는 지속 가능성 면에서 급격하게 추락할 가능성이 있다. 굉장히 가깝게 느꼈던 직장 동료, 직장 선후배, 학교 친구의 관계가 문득 멀어졌다고 느낀다면 그 관계가 '과연 자발적인 것이었나'를 자문해야 할 시기다. 그리고 이 질문은 스스로에게도 필요하다. 수동적으로 모임에 끌려다니지 않는 '자기 선택성'에 대한 질문이다.

이제 나만의 삶을 위한 플랫폼을 가져볼 때다. 지식공동체도 좋고, 독서 모임도 좋고, 도서관도 좋다. 자신이 실천적으로 참여하고 협력을 통해 상생할 수 있으면 된다. 참여가 즐겁고 활동에 자극을 받는 모임이라면 더욱 좋겠다. 그러다 보면 뭔가 기여할 수 있는 순간이 올 것이다. 문화심리학자 김정운 박사는 개인적 활동 공간의 부재가 주는 심리적 불안을 '슈필라움(Spielraum)의 부재'로 설명한다. 특히 코로나로 인해서 개인 공간이 없는 곳에서 사는 사람들은 더욱더 슈필라움의 부재로 스트레스를 받는다. 물리적인 공간뿐만 아니라 시간적인 여유나 번아웃으로부터 벗어나 성찰이 필요한 시기이다. 내가 나의 비전과 삶을 나눌 수 있는 공동체적

슈필라움도 필요하다.

　주변 사회에 미치는 영향력 역시 인적 네트워크의 규모와 구성에 따라 달라진다. 인적 네트워크 구성원들과 유대감이 강력하고 (빈번하고 밀접하게 교류하는 관계) 또 네트워크가 조밀하면(구성원들 간에도 촘촘하게 연결된 관계) 정보의 전달 속도와 정확성이 향상된다. 인적 네트워크가 조밀한 경우에는 대체로 구성원 상호 간의 이해 수준이나 신뢰도가 높고 정보를 교환하려는 열의가 높다. 따라서 아이디어가 훨씬 쉽게 전파되고 흡수된다. 혁신가의 인적 네트워크 규모가 크고 조밀하면 그 사람의 잠재적 영향력이 크게 증가하고, 반대로 인적 네트워크가 부실한 경우에는 아이디어를 수용하거나 이용하는 사람들이 그만큼 줄어든다. 얻는 게 있으면 잃는 게 있다. 주변과 단절된 상태는 이단적 발상이 탄생하기에 용이한 환경이다. 그러나 결속력이 좋은 인적 네트워크가 있다면 아이디어를 실현시키는 데 도움이 된다.

　여유가 있어야 주변을 돌아볼 관심이 생기는 것이 아니라 주변을 돌아봐야 삶의 여유와 통찰도 생긴다. 지나가다 문득 달라 보이는 거리의 나무, 매일 아침 출근길에 보는 버스 기사님, 당연하게 나를 기다리고 있는 회사의 업무 등을 모두 당신의 괄호 속에 넣어라. 이 삶의 태도를 견지한다면, 남들과 똑같은 인생이 아닌, 창의적인 영감 가운데 나만의 독특한 삶을 살아갈 수 있을 것이다.

　부스터는 행복한 사람이고 남들도 같이 행복하고자 하는 행복 전도사이다. 연구원들은 최근 이처럼 행복이 넘치는 사람들의 공통된 특징을 규명하기 시작했다. 소냐 류보머스키(Sonja Lyubomir-sky)는 행복한 사람의 특징은 다음과 같다고 밝혔다.

- 동료나 낯선 사람에게 도움을 베푼다.
- 자신이 가진 것에 감사한다.
- 가족과 친구, 그 밖의 사회적 관계에 시간을 할애한다.
- 삶이 주는 즐거움을 만끽하며 현재의 순간에 충실하려고 노력한다.
- 규칙적으로 운동하는 습관이 있다.
- 미래를 낙관적으로 본다.
- 인생의 목표를 세우고 이를 성취하기 위해 노력한다.
- 인생의 골칫거리들에 현명하게 대처한다.

다른 사람과 자신에게 줄 수 있는 가장 큰 선물은 시간이다. 그 선물을 기꺼이 주고 기꺼이 받자. 온전하게 현재의 순간에 머무르면서 행복을 선택하자. 과거는 지나갔고 미래는 아직 오지 않았다. 현재를 즐기고 미래의 행복을 추구할 수 있게 자신을 풀어주자.

최근에 뉴스에서 배달의 민족 김봉진 의장의 5천억 기부 소식을 듣고 감동했다. 자수성가한 창업가의 배포에 놀랐다. 우리나라에 재벌들이 많아도 한인으로서는 처음으로 전 세계 갑부들이 참여하는 기부클럽인 '더 기빙 플레지(The Giving Pledge)' 219번째 기부자로 등록되었다고 한다. 인터뷰에서 김봉진 의장이 자신이 이룬 부는 자신이 한 것이 아니라 운이라고 하면서 자신이 얻은 부 또한 자신이 잘나서 얻은 것이 아니므로 나누는 것이라고 한다. 너무 멋지다. 앞으로 이러한 기업가들, 갑부들이 한국에서도 많이 나오길 바란다.

<기부>

기 : 기분좋게
부 : 부자되는 방법

- 유병재, 『말장난』 중에서

"생각하는 대로 살지 않으면 사는 대로 생각하게 된다."

- 폴 발레리(1871~1945)

"생각을 바꾸면 행동이 바뀌고, 행동을 바꾸면 습관이 바뀌고, 습관을 바꾸면 성격이 바뀌고, 성격을 바꾸면 운명이 바뀐다."

- 새뮤얼 스마일즈(1812~1904)

02.
기업 부스팅(ESG)

코로나 이후로 ESG 기업 평가 지수가 다시 주목받고 있다. ESG 는 기업의 사회적 책임 활동(Social)과 환경적 책임 활동(Environ-mental), 그리고 기업의 투명한 지배구조(Governance)를 바탕으로 평가하는 지표로 이미 한국에 소개된 지는 20년 이상 되었으나 이 제야 주목받고 있다. 착한 기업, 환경 친화적인 회사, 투명한 회사 들이 장수하고 수익이 더 좋다는 믿음, 또 코로나로 인한 환경에 대한 관심을 반증한다. 특히 MZ세대들은 친환경 기업, 사회적 책 임을 다하는 기업에게 호감을 가진다. 이제는 기업의 뉴노멀로 ESG가 자리를 잡아가고 있다. 큰 기업뿐만 아니라 작은 기업들도 친사회적, 친환경적인 제품과 서비스로 MZ세대를 공략해야 하므 로 이제는 선택이 아니라 필수라고 생각한다.

ESG의 빠른 부상은 숫자로 드러난다. 최근 2020년 6월의 발표 에 따르면 ESG 관련 펀드 자산이 처음으로 1조 달러를 넘어섰다 고 한다. 코로나 팬데믹 이후 전체 주식형 펀드로 유입되는 돈은 다소 줄었는데, ESG 펀드엔 711억 달러가 새로 유입됐다. ESG를 지표로 삼은 ETF(상장지수펀드)는 2015년 60개였으나, 최근엔 400

개를 넘겼다. ESG를 간판으로 내건 펀드 규모만 그 정도란 뜻이고, ESG를 투자의 지표로 활용하는 연·기금의 자금 등을 포함하면 ESG 관련 글로벌 투자금은 40조 달러를 돌파(오피마스 자료)했다. 이렇듯 친환경, 친사회적 기업들에 더욱 많은 돈이 몰리고 있는 것이다.

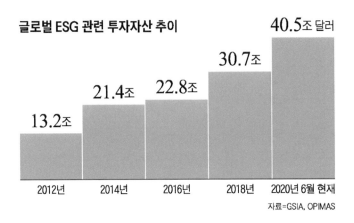

글로벌 ESG 관련 투자자산 추이

40.5조 달러

30.7조

21.4조　22.8조

13.2조

2012년　2014년　2016년　2018년　2020년 6월 현재

자료=GSIA, OPIMAS

　한국도 ESG 열풍에 빠졌다. SK가 CSR(Corporate Social Responsibility : 기업의 사회적 책임)에 가장 적극적이었으며 삼성, LG, 현대도 ESG에 많은 투자를 하고 있다. 하지만 한국의 재벌들이 가족지배 구조를 벗어나지 못하면서 Governance 부분에는 약점을 가지고 있다. 앞으로는 기업 지배구조도 해외의 기업들처럼 투명하게 전문 경영인 중심으로 운영되어야 할 날이 오고 있다.
　기업의 책임은 오로지 이익추구(Profit)라는 것이 보통 미국식 경영·경제학파의 주류이다. 시카고 학파의 대표적인 인물인 밀턴 프리드먼은 기업의 유일한 사회적 책임은 이익을 추구하는 것이라고 하였다. 이러한 풍토는 특히 트럼프 시대에 최고 절정이 되어 정부까지 사회적·환경적 책임을 무시하였고 기업들도 사회적·환경적 책임에 대해서 무심히 방종하게 되었다. 그러나 코로나의 도래와 바이든 행정부의 정책으로 요즘은 사회적·환경적 책임이 다시 대세가 되었다.

마케팅에서도 4P 전략은 전통적인 마케팅 기획의 프레임이다. 가격(Price), 제품(Product), 유통경로(Place), 홍보(Promotion)는 4개의 마케팅 기둥이고 요즘은 여기에 '목적(Purpose)'이 마케팅의 큰 요소로 자리를 잡고 있다. 미국의 파타고니아 같은 제품은 친환경 제품으로, 높은 가격에도 불구하고 이 회사가 가진 비전에 공감하면서 구매하는 고객층이 많다. 이러한 고객층은 든든한 팬덤이 되어서 요즘 흔히 말하는 팬덤경제학의 사례로 많이 거론된다.

선한 목적을 가진 기업은 대기업만이 아니다. 얼마 전 한국TV를 보다가 우연히 '착한 파스타'의 오인태 대표 사연을 보게 되었다. 오 대표는 '서울에서 5,000원으로 제대로 된 식사를 할 수 있는 곳이 얼마나 될 것 같으냐'면서 '편의점 도시락 등으로 배를 채울 수밖에 없는 어린이들이 많을 것 같다는 생각에 복잡한 가맹점 등록보다 무료로 식사를 제공하기로 했다'고 했다. 오 대표가 시작한 선행은 그 대상과 분야가 점차 확장되고 있다. 전국의 자영업자들이 자발적으로 결식 아동을 비롯한 독거 노인 등 소수계층에 무료로 식사를 제공하는 '선한 영향력' 프로젝트에 동참하고 있다. 식당 뿐 아니라 교습소, 세탁소, 인테리어 업체, 공연기획사 등 다양한 분야의 185개가 넘는 매장이 무료로 서비스를 제공하는 프로젝트에 참여 중이다. 이렇듯 선한 영향력은 뜻을 같이 하는 사람들이 늘어나면 비전을 펼치기 쉽다.

필자가 2018년도에 TV를 보고 처음 알게 된 대체육 가공 회사인 '더플래닛잇'의 양재식 대표도 지금은 성공한 벤처기업인이다. 지금 미국, 한국 모두 대체육에 대한 관심이 많다 보니 대체육 시장은 점점 커져가고 있고 특히 코로나로 인해서 환경에 대한 관심이 많아지면서 대체육 시장은 더 커져가고 있다.

항상 선한 목적만 가진다고 고객들이 제품과 서비스를 사주는 것은 아니다. 한때 신발을 한 켤레 사면 후진국 아이들에게 한 켤레를 후원하던 탐스슈즈는 지금은 경영난을 겪고 있다. 무작정 사람들의 동정만 요구하는 비즈니스 모델은 식상하다. 당연히 제품이나 서비스도 가격에 따른 가치가 있어야 한다. 한국의 경우에는 그나마 정부 지원이 많아 사회적 기업도 어느 정도 재정적인 지원으로 버틸 수 있으나 미국 같은 경우에는 철저히 상업적인 가치가 없으면 안 된다. 그러므로 기업이나 자기 비즈니스의 핵심역량이라는 무기 하나는 꼭 가지고 있어야 한다. 거기에 사회적·환경적 모델을 코팅한다면 더욱 효과적일 것이다.

03.
부스트를 위한 사회적 요건 :
혐오극복·포용·다양성 사회

요즘 뉴스를 보면 한숨이 나온다. 정인이 사건(크리스천이란 부모가 그런 짓을 했다니 이젠 놀랍지도 않다), 미국 의회에 트럼프 지지자들이 밀고 들어가서 난장판을 만든 사건, 10년 지기 친구에게 골프채로 맞아 죽어간 청년 등 매일 호러영화 같은 일들이 벌어진다. 점점 사회가 병들어가고 있다. 코로나로 인해서 사회와 개인은 더욱 병적으로 악화되는 듯하다. 각자도생, 단절, 스트레스, 우울증, 공허, 외로움 등 한국과 미국, 전 세계가 겪고 있는 병리현상인 듯하다.

내가 살고 있는 미국도 트럼프 집권 이후에 인종차별이 더욱 심해지고 아예 인종혐오 테러도 많이 발생하고 있다. 또한 중국과 일본 등이 하루가 멀다 하고 한국 옆에서 도전하고 있다. 나라 안팎으로 약육강식의 시대를 살고 있는 것이다. 극단주의와 음모론이 판치며 누군가를 미워해야 내가 사는 구조이다. 우리는 지금 야만과 성숙의 시민사회에 살고 있다. 이를 '비동시성의 동시성'이라 한다. '비동시성의 동시성'이란 말은 독일 철학자 에른스트 블로흐에 의해 만들어졌다. 서로 다른 시간대에 존재할 것 같은 일들이 같은 시간대에 공존하는 것을 말한다. 극보수의 태극기부대, 트럼프 부대가 있는가 하면 페미니즘, 동성애를 주장하는 자유주의가 공존한다. 흑인인권운동 'Black Lives Matter'가 2020년에 불붙었지만 여전히 인종차별주의는 계속되고 있다. 역사는 발전해 나가는 듯하지만 전근대적인 모습, 근대적, 현대적, 미래적 모습이 섞여 있는 삶을 살고 있다.

사회가 불확실하고 불안정하면 사람들이 공격적으로 변한다. 자신이 가진 것을 잃을까, 알고 있는 것이 틀릴까 전전긍긍한다. 점점 신경이 날카로워지고 다른 사람을 오해하게 되어 공격적으로 변한다. 불안한 사람들은 자신의 생각이나 세계와 다른 것을 받아들일 수 없는 사람들이다. 김정현 교수는 '열린 정신의 사유'라는 용어를 사용하며 현대의 분열된 인간과 세계의 관계를 복원해야 한다고 하면서 상호이해와 다양성의 철학, 화해와 책임의 철학, 만남과 타자성의 철학, 생명과 치유의 철학을 강조했다. 서로를 인정해주고, 화해하며, 열린 만남, 환경까지 생각하는 틀이 필요하다. 프랑스 사상가 들뢰즈는 네트워크에서 모든 것이 팽창되는 모양을 '리좀'이라고 불렀다. 리좀은 원래 뿌리줄기를 가리키는 단어로, 굵은 줄기에서 가느다란 가지로 뻗어나가는 나무와 대치되는 개념이다. 클라우드는 끝과 시작, 중심도 없는 리좀과 많이 닮았다. 들뢰즈 철학에서의 리좀론과 같이 탈중심성, 다원주의적 네트워크는 4차 산업 시대의 질서를 투영하는 패러다임이라 생각한다. 특히, 최근의 극단적인 정치양극화와 혐오주의, 인종주의, 종교 배타주의 등을 극복하기 위해서는 열린 정신의 사유가 필요하다.

분주함, 부산함, 닦달, 성과, 불안이 특징인 현대의 삶은 문명의 발전과 성과에 대한 열망 못지않게 자아신경증이라는 부산물을 낳는다. 현대사회는 과잉 활동과 경제적 가치를 중시하지만, 현대인은 삶의 중력이 무너지고 삶의 의미나 가치가 전도되는 경험을 하고 있다. 즉 불안, 초조, 분노, 공격성, 피로, 소진 등을 느끼며 삶의 좌표를 찾지 못하고 불면의 밤을 보내는 것이다. 인터넷이나 스마트폰, 게임과 같은 전자매체에 과도하게 몰두하는 현상도 관계 상실적 자기 몰입이라는 나르시시즘적 장애를 만들어낸다.

지금 우리에게 필요한 것은 철학자 한나 아렌트의 사랑의 철학이다. 1958년에 출간된 『인간의 조건』은 아렌트의 철학적 인간학을 대표하는 저작이다. 아렌트는 인간의 '활동적 삶(vita activa)'을 이루는 세 가지 활동을 구분한다. '노동', '작업', '행위'가 그것이다. 생계를 모색하는 '노동', 의미를 추구하는 '작업', 타자와 소통하는 '행위'에 대한 아렌트의 통찰은 탁월한 것이다. 이 가운데 아렌트가 특히 중시한 것은 행위다. 행위란 공동체 안에서 타인을 승인하고 소통을 나누며 공적 가치를 실현하는, 즉 인간을 인간답게 해주는 활동을 의미한다.

연세대 김호기 사회학 교수는 아렌트가 지적했듯이 근대 서구사회에서 이러한 '공·사 이분법'의 해체를 우려했다. 근대 자본주의가 등장하면서 노동이 다른 활동들을 압도하고 사적 영역이 공적 영역을 지배하기 시작했다. 그 결과 폴리스적 의미에서의 공직 영역은 단순한 행정 영역으로 변형되거나 쇠퇴해버렸다. 이러한 근대의 과정이 지구로부터 탈출하고 세계로부터 도피하려는 이중적 의미의 '세계 소외'를 가져왔다는 게 아렌트의 진단이었다. 아렌트의 대안은 '세계 사랑(Amor Mundi)'이었다. 세계 사랑이란 인간의 존엄성 및 복수성, 그 안에 존재하는 공동선에 대한 태도를 말한다.

아렌트는 보수와 진보 가운데 어느 하나에 귀속시키기 어려운 사상가다. 아렌트는 '철학 없는 정치'와 '정치 없는 철학'을 모두 경계함으로써 존재와 사회 사이의 새로운 가교를 놓으려고 했다. 아렌트는 자유와 공공성을 동시에 강조한다. 개인의 자유를 존중하는 동시에 공동체의 연대를 중시하는 것은 실현가능한 기획이다.

우리는 다원화 시대에 살고 있다. 종교, 가치, 철학이 무엇이든 존중하며 살도록 되어 있고 이는 헌법으로 보장한 권리이다. 타인을 존중하는 것은 의무이다. 21세기에 사회적으로 더욱 성숙되어야 할 시기에 사회가 퇴보하는 국제적인 현상을 보면서 참담한 마음을 감출 수가 없다. 관용은 상대방을 인정하거나 존중하는 것이라기보다는 상대방이 싫어도 참겠다는 의미를 가지고 있는 용어다. 통속적으로 말해 '나는 네가 싫어. 하지만 참고 봐주겠어'가 관용이라는 것이다. 극단주의 연구자인 린 데이비스는 '관용은 종종 극단주의에 대한 대립물 혹은 대항 수단으로써, 즉 긍정적인 가치로 제안되고 있다. 그렇지만 본질적으로는 부정적인 것이다. 좋아하지 않거나 믿지 않는 것에 베푸는 것이 관용'이라고 말했다.

적어도 관용은 상대방에 대한 '존중'의 의미를 자동적으로 포함하고 있지는 않기 때문에 상당수의 학자들은 관용이 아닌 존중이 필요하다고 강조하고 있다. 아무튼 배타성은 자기가 아닌 다른 존재를 인정하지 않을 뿐만 아니라 배척하는 것이므로 존중은 물론이고 관용과도 거리가 멀다. 심리학적 입장에서 볼 때, 배타성의 반대는 개방성 혹은 포용성이라고 할 수 있다. 배타성은 외부 세계를 두려워하는 방어적인 태도에 기초하고 있는 '폐쇄성'과 형제지간이다. 외부 세계에 대한 두려움은 기본적으로 주체와 외부 세계 사이의 역학 관계에 의해 결정된다.

강신주는 이성복 시인의 『네 고통은 나뭇잎 하나 푸르게 하지 못한다』의 '사랑은 자연스러운 것, 욕구에 충실한 것이 아닙니다. 사랑은 이렇게 항문으로 먹고 입으로 배설하는 것입니다'라는 구절을 얘기하면서 '순리대로만, 욕구대로만 해서는 사랑은 불가능합니다…(중략)…그런 인간 중심적인 사회, 우리 한 사람 한 사람이 가급적 자신이 원하는 일을 할 수 있도록 하는 공동체의 기본 덕목은 사랑, 연대, 공감입니다. 그런 공동체가 하나하나 만들어지면 유괴 같은 범죄는 생겨나지 않을 것입니다'라고 한다.

자아와 타자 사이의 건강한 관계 속에서 포용성과 관용이 자랄 수 있다. 김정현 교수는 '자기 관계에만 빠져 있는 독백적 대화는 현실을 상실하는 독단을 가져오기 쉽고, 자기 성찰 없이 타자에만 의존하는 사회관계로서의 대화는 자기 상실을 초래한다. 전자는 독단, 즉 전제적 폭군의 성향(sadism)으로, 후자는 타자에게만 의존히는 니악한 노예적 성향(masochism)으로 드러나기 쉽다'고 한다.

자아의 소통은 나를 고집하거나 나 자신의 생각에 집착하지 않고 세계와 타자를 향해 나를 열어놓는 지향성에서부터 시작된다. 자신의 생각만을 고집하고 관철하고자 하는 의지는 독선과 불통을 야기하게 된다. 다른 사람을 인정하지 않으면 진정한 대화나 소통은 불가능하다. 트럼프와 같이 자기주장만 내세우면 상대도 거기에 말려들어서 내 얘기만 할 것이다. 어린 아이들에게 눈높이 대화를 해주는 것은 그 생각이 맞아서가 아니라 대화를 시작하기 위한 노력이다.

대화란 너와 나의 '열린' 관계 속에서 이루어지는 소통이다. 대화나 만남은 자신을 내려놓으면서도 동시에 자신의 뜻을 표현하며 상대와 생각을 조율해가는 이중적 과정이다. 고정된 사고의 틀에 갇히지 않고 상호작용 속에서 사회적 상황에 기반을 둔 시선을 수용하고 이에 적절하게 반응하는 균형 있는 태도는 열린 정신을 낳는다. 열린 정신은 인간의 삶을 결코 피상적으로 바라보지 않는다. 이는 삶에 굴곡이 있고 시련이 있으며 아픔과 고통이 서려 있다는 것을 깊게 자각하는 것이다.

작가 채사장은 '진리의 반대말은 거짓이 아니다. 진리의 반대말은 복잡성이다'라고 말한다. 진리 안에 거짓이 섞여 있을 경우 우리는 그것을 쉽게 제거하지 못한다. 그래서 의심해야 한다. 모든 사람이 믿고 있다 하더라도, 너무나 오랜 역사와 전통을 갖고 있다 하더라도, 그것의 크기가 너무나 압도적이라 하더라도 당신이 심리적 위안보다 진실의 이면을 보고 싶어 하는 사람이라면 의심해봐야 한다. 우리는 복잡한 세상을 단순화하고 싶은 욕망 때문에 쉽게 단정짓고 가짜뉴스를 믿으려 한다. 머리가 복잡해지는 것은 싫으니까 말이다.

우리는 나와 세계를 성찰해야 한다. 나의 세계 안에는 무엇이 있고 밖에는 무엇이 있는지, 혹시 나는 고집스레 단일한 진리관을 움켜쥐고 빈곤하게도 이것만으로 평생을 살아가려고 작정했던 것은 아닌지, 또한 내가 모르는 외부의 많은 것을 단순히 비진리라 규정해버림으로써 그것은 안 봐도 괜찮은 것들이라고 스스로 위안했던 것은 아닌지를, 당신이 진정으로 진리를 탐구하려는 사람이라면 점검해봐야 한다. 당신과 나 그리고 우리의 세계가 흑과 백으로 칠해진 것이 아니라, 다채로운 색깔로 빛나게 되기를 기대한다.

자본주의가 주는 착각은 나의 생산자로서의 능력을 박탈한다는 것이다. 자본주의는 우리에게 강요한다. 특정 분야의 노동자라는 제한된 역할에 만족하라. 네 전문 분야가 아닌 곳에서는 입을 다물고 소비자로서의 역할에 충실하라. 나는 이것이 아쉽다. 왜냐하면 우리는 결국 놀지 못하고 관계 맺지 못하고 생각할 줄 모르는, 다만 소비해야 하는 존재로 밀려났기 때문이다.

자본주의에서는 죽음조차 일상에서 몰아내고 영원히 존재할 것처럼 살도록 한다고 채사장은 말한다. 자본주의의 세련됨 속에서 우리는 죽음의 그림자로부터 벗어나 위안을 얻는다. 자본주의에 죽음은 없다. 지속적인 성장과 풍요의 약속이 있고, 모든 재화와 서비스는 변함없는 내구성과 영원성을 보정한다. 모든 것은 고장 나기 전에 교체되고, 늙고 병들기 전에 대체된다. 가장 까다로운 인간의 노화와 죽음까지도 병원과 장례식장이 체계적이고 효율적인 처리를 통해 이용자들의 수고와 피로를 대신해준다. 자본주의가 죽음을 사회에서 몰아낼 수 있는 것은 이것이 우리의 이익에도 부합하기 때문이다. 우리는 죽음을 보고 싶지 않고, 슬픔을 지속하고 싶지 않다. 침묵과 슬픔에서 한시라도 빨리 벗어나 자본주의의 세련되고 영원한 세계에 계속해서 머물고 싶어 한다. 환각 속에 살고 싶은 욕망의 존재이다.

유대인 철학자인 임마누엘 레비나스는 『타인의 얼굴』에서 '타인이 존재하기에 나만을 위해 사는 부족한 내가 존재를 넘어서는 탁월함과 고차원적인 존재가 된다'고 한다. 그는 인간다운 삶이란 타자와 관계하는 삶이며, 이것은 곧 타자와 얼굴을 마주한 관계라는 '얼굴의 철학'을 얘기한다. '외로움과 삶의 공허감, 인간과 세계의 관계 단절은 삶의 불안을 증식시키고 어떻게 살아야 하는지 모르는 삶의 가치 혼돈이나 의미 상실을 초래한다'는 것이다.

연고적 집단주의라는 폐쇄적 사유가 열린 자유주의적 사회의 활력을 질식시킨다는 자유주의 사상가 프리드리히 하이에크(Friedrich Hayek)의 지적에서 볼 수 있는 것처럼, 닫힌 사유는 세계와의 만남이라는 활력을 죽이고 자신의 진정한 이해를 방해하는 퇴락의 사유일 뿐이다. 맑고 밝고 훈훈한 세계는 우리가 세계에 대한 열린 정신과 생명의 삶을 서로 나눈다는 상생(相生)의 윤리적 태도를 가다듬을 때 가능할 것이다.

『낯선 사람 효과』의 저자 리차드 코치는 우리가 익숙한 사람들만 만나면 발전이 없고 정체된다고 한다. 새로운 사람을 만나야 나의 생각의 한계가 깨어지고 발전하게 된다. 새로운 영감을 얻기 위해서는 나와 관점이 다른 사람을 만나서 다른 시각으로 보는 점을 배워야 한다. 4차 산업 시대에 최대의 자산은 좋은 영감을 줄 수 있는 사람들을 자기 네트워크에 얼마나 많이 가지느냐에 달렸다.

울리히 벡은 지구화·지구지역화에 적절히 대처하기 위해서는 특정한 일자리나 직업에 국한된 교육을 완화 내지 폐기하고 폭넓게 응용할 수 있는 '중점 기능'에 초점을 맞추어 교육과정을 재편해야 하며, 사회적 능력, 협동 능력, 갈등 조정 능력, 문화에 대한 이해력, 네트워크 사고력 등을 키우는 교육이 필요하다고 강조한다. 암기능력보다는 타인의 공감을 통해 공동체를 리드할 부스터가 필요한 때이다.

04.
환경 부스트

이번 코로나 사태에서 직간접적인 원인으로 지목받고 있는 것이 기후위기 문제이다. 인간의 서식지 확대로 인해서 야생동물과의 접촉 가능성이 많아지면서 바이러스 감염의 가능성이 늘어나고 있다. 코로나가 언제 끝날 것이냐에 대해서 예측이 저마다 다르지만 일부에서는 만약 변이 바이러스 유전자가 서로 결합돼 여러 개의 돌연변이를 동시에 일으키면 코로나19 완치자나 백신 접종자에게 생긴 항체마저도 무력화할 수 있다는 지적도 나온다.

연구팀은 최근 100년간 온도와 강수량, 구름의 양, 일사량, 이산화탄소 농도 데이터를 바탕으로 식생의 변화를 지도로 만들었다. 그 결과 100여 년 전만 해도 열대 관목림이었던 곳이 오늘날 박쥐가 좋아하는 열대 사바나와 낙엽수림으로 변한 것을 확인했다. 최근 100년간 40종의 박쥐가 중국 남부와 인접한 라오스, 미얀마 지역으로 유입된 것이다. 연구팀은 이들 박쥐가 보유한 코로나바이러스 종류도 약 100종 이상인 것으로 추산했다. 과학자들은 박쥐 한 종이 평균 2.7종의 코로나바이러스를 품어 세계적으로 박쥐가 약 3,000종의 상이한 코로나바이러스를 품고 있는 것으로 보고 있다.

안드레아 매니커 케임브리지대 동물학과 교수는 '기후변화를 완화하는 노력이 앞으로 다른 감염병 위험을 줄이는 기회가 될 것'이라고 밝혔다. 현재 지구촌에는 중국 북부 네이멍구 자치구의 흑사병, 베트남 등 동남아의 뎅기열, 미국 텍사스주 레이크잭스시의 '뇌 먹는 아메바' 등 감염병 확산 우려가 적지 않다.

그동안 환경에 대해서는 국제적인 노력에도 불구하고 각국의 성장경쟁에 의해 외면당하고 개인들 역시 일부 자각 있는 시민들 외에는 무관심 그 자체였다. 그러나 이제는 환경을 신경 쓰지 않으면 제2, 제3의 코로나가 우리를 괴롭힐 것이다. 또한 전 세계적으로 나타나는 이상기후 현상들이 우리를 옥죄어 오고 있는 것에 대해서는 자세히 설명하지 않아도 될 정도다.

(1) 생태주의와 환경주의

코로나로 인해서 환경 보호의 목소리가 나오고 생태주의에 대한 관심도 많아지고 있다. 생태주의의 개념적 범주와 관련하여 중요한 것은 생태주의와 환경주의(environmentalism)를 구분하는 일이다. 예컨대 환경 보호라는 주제를 두고, 생태주의는 환경 보호와 관련한 사회적·정치적 생활 양식의 근본적인 변화를 전제한다. 반면 환경주의는 현재의 사회적·정치적 생활 양식을 변화시키지 않고서도 환경을 잘 관리하면 환경 문제를 해결할 수 있다고 보는 시각이다.

생태주의는 의도적으로 지배 패러다임과 충돌하며, 계몽주의 시대 이래로 두드러진 '프로메테우스적 프로젝트', 즉 과학 기술에 의한 물질적 풍요의 도래라고 일컫는 프로젝트와 그것을 유지하는 규범과 실천에 정면으로 도전하는 이데올로기라고 생태주의학자 이상헌 교수는 얘기한다. 이에 비해 환경주의는 이러한 근본적 저항성이 없으며, 오직 프로메테우스적 프로젝트를 더 환경친화적인 방향으로 유도하는 이데올로기라고 할 수 있다. 환경주의를 기존의 정치 이데올로기에 적용하자면 기존의 방식을 그대로 유지하려는 성향을 보인다는 뜻에서 대체로 보수적이라고 할 수 있다. 자본주의적 산업 패러다임을 약간만 수정하여 환경 위기에 대응하려는 태도를 보이기 때문이다. 여기에는 여러 가지 방식이 있다.

프랑스 철학자 펠릭스 가타리는『세 개의 생태학』을 통해 기존의 욕망 이론을 생태 철학으로 설명한다. 그는 기존의 생태 운동이 자연을 중심으로 한 환경 문제에만 국한된 것에 의문과 불만을 가지고 있었다. 그는 이러한 접근법이 오늘날 사회가 직면한 자본주의의 확산과 그 이면에 놓인 소수자들의 억압 등 범지구적인 위기들에 대처할 수 없다고 보았다. 그는 종래의 환경생태학(자연)에 더해 사회를 구성하는 기구와 기관의 배치를 다루는 사회생태학(사회), 주체들의 욕망과 무의식에 대해 다루는 정신생태학(주체성)이라는 새로운 형태의 생태학을 제시한다.

나는 생태주의가 우리의 삶을 낯설게 하고 적어도 우리가 사는 삶의 양식에 대해서 다시 생각해 볼 수 있는 기회를 만들어주는 유용한 도구라고 생각한다. 핵전쟁이나 또 다른 사유로 문명의 종말이 오지 않는 한 생태주의적 삶으로는 어려울 것이라고 본다. 하지만 팬데믹이 길어지면서 그동안의 우리의 삶은 돌아보아야 한다.

미국의 생태주의자이자 문학가인 웬델 베리(Wendell Berry)는 자본주의 시대를 살아가는 현대인에게 많은 성찰과 고민을 던져주고 있다. '어떤 사람들은 환경오염, 토양 척박화, 노천채굴, 삼림벌채, 산업 및 상업 폐기물의 양산을 현대의 안락함과 편리를 위해 치러야 할 대가, 불가피한 현실, 실용적인 타협의 문제로 받아들인다. 그런가 하면 또 어떤 사람들은 이런 목록을 열심히 연구하고, 치료책을 찾아야 할 과제로 여긴다'고 하면서 의식적 소비와 환경적 책임이 있는 삶을 주장한다. 나도 미국에 있으면서 일주일에 나오는 쓰레기의 양을 보면 깜짝깜짝 놀란다. 특히 미국은 한국처럼 꼼꼼하게 분리수거를 하지 않는다. 항상 쓰레기봉투를 쓰레기 수거통에 넣을 때 마음이 불편하다.

우리가 사는 현대사회에서는 시간이 양적으로 측정되고, 이를 통해 생활을 통제하고 규제할 수 있게 되었으며, 장소가 가진 문화적, 역사적 특수성은 붕괴되었다. 이제 보편적이고 연속적인 공간, 추상적이거나 위치로서만 존재하는 공간이 지배하게 되었다고 이상헌 생태학자는 말한다. 생태주의는 질적인 시간, 그리고 관계적인 공간을 주장하면서 현대의 시공간 조직 방식에 문제를 제기한다. 질적인 시간은 기계적 시간에 의한 통제 거부, 질적으로 의미있는 시간 살기, 새로운 가능성의 생성을 통해 체험될 수 있다. 현대적 사회 체제의 공간 조직 방식은 '무장소성(placelessness)'을 특징으로 한다. 무장소성이란 개인이나 집단에게 의미 있는 장소가 없어지고, 특정 장소가 지닌 의미 역시 인정하지 않는 잠재적 태도를 의미한다. 현대사회가 획일적이고 표준화된 공간을 생산하면서 만들어진 결과라고 할 수 있다. 생태주의는 이러한 무장소성에 도전하면서, 자연환경과 인간의 문화가 함께 진화하여 안정화되었던 공간을 의미 있는 장소로 재구성하는 일에 집중하고자 한다.

영화 「어벤져스」에서 울트론은 지구를 보호하기 위해 인간이 만든 인공지능 로봇이지만 오히려 인간에게 반기를 들었다. 인간이야말로 지구를 파괴하고 생명을 말살하는 공적이라는 것을 자각했기 때문이다. 타노스 또한 지구환경을 파괴하고 종말로 치닫게 하는 원인을 인간에게서 발견하고 생명의 절반을 없애기 위해 인피니티 스톤을 모은다. 울트론과 타노스를 통해 우리는 우리가 어떤 모습인지, 미래가 어떻게 될 수 있는지를 자각할 수 있다. 「어벤져스」가 단순한 SF영화를 넘어 인문학적 콘텐츠를 담은 깊이 있는 작품으로 인식되는 것은 이런 철학적 사유가 깔려 있기 때문이다.

넷플릭스 영화 「I am mother」에도 인공지능이 인간을 키우는 스토리가 나온다. 인류가 거의 멸종되어 인공지능 로봇은 다시 인류를 재건하기 위해 인간의 태아를 배양하여 고립된 벙커 같은 공간에서 교육을 시킨다. 인간은 악한 본질을 가졌으므로 철저히 도덕 교육을 하고 책임감을 기르도록 교육한다. 로봇은 인간을 보호하게 되어 있기 때문에 인공지능은 인간이 또다시 인류를 멸종시킬

핵전쟁이나 기후파괴 같은 짓을 못 하도록 교육한다. 인간은 인간 그리고 지구에게 민폐이며 진상이라고 보는 성악설에 기초한다.

미국 UCSB 생물학과 교수인 개럿 하딘은 1968년 「사이언스(Science)」지에 발표한 '공유지의 비극(Tragedy of the Commons)'이라는 유명한 논문에서 공적인 자원인 지구환경, 자원 등이 인간의 이기심으로 파괴되는 역설을 설명한다. 공유지에 몇 마리의 소가 한가롭게 방목된다. 공유지에는 소유주가 없기 때문에 시간이 지나면서 차츰 더 많은 소가 들어오는데, 어느 순간에 소가 먹는 풀의 양과 질이 우수하게 유지될 수 있는 한계에 도달하여 일정한 평형을 유지하게 된다. 그런데 목동이 욕심을 부려 공유지에 소 한 마리를 더 집어넣는 순간 이 공유지의 수용 능력은 한계에 이르고 과잉 방목이 되어 공유지의 균형이 붕괴된다. 환경보호와 기후위기에 대한 국제적인 공조 없이 경제성장에만 열을 올린다면 비극적인 결말을 맞을 것이다.

소설 『멍키렌치 갱』은 미국의 환경 운동가인 에드워드 애비(Edward Abbey)가 1975년에 쓴 소설로, 이 작품에서 애비는 기계에 멍키스패너를 던져 넣어 생산 라인을 멈추게 하는 사보타지를 '멍키렌칭'이라고 부르고, 환경 보호를 위해서는 멍키렌칭과 같은 게릴라 활동이 필요하다고 주장했다. 극단적인 러다이트 운동과 비슷한 맥락으로 산업화를 반대하는 급진파적 성향이다. 이처럼 우리는 문명발달을 무작정 외면할 수도 없다고 생각한다. 기술발달과 인간의 생활방식, 환경보호, 생태적 마인드가 조화롭게 이루어져야 하지 않을까 생각한다.

미국의 생태·환경 운동가인 어니스트 칼렌바크(Ernest Callen-bach)가 1975년 출간한 생태주의 유토피아 소설 『에코토피아(Eco-topia)』에 나타난 생태적 이상향은 21세기 초 미국 연방으로부터 독립하여 세워진 국가를 묘사한다. 트럼프 집권 시에 환경문제는 도외시되어왔으며 기후협약에서도 탈퇴하였다. 트럼프 정부를 받아들이기 어렵다고 생각하는 미국 시민들은 격렬한 반대 시위를 벌이기도 했는데, 급기야 캘리포니아주의 민주당 지지자들 사이에서는 '칼렉시트(Calexit)' 주장이 진지하게 개진되기도 했다. '에코토피아' 소설에서도 캘리포니아주 북부와 인근의 워싱턴주, 오리건주가 미국 연방에서 독립하여 그들만의 환경친화적 법률과 제도를 만들어 살아가는 이야기가 나온다. 이 소설에서 생존자당은 열 개의 '하지 말라' 강령을 발표하는데, 그 첫 번째는 '다른 생명을 멸종시키지 말라'는 것이고, 두 번째는 '핵무기와 핵발전소를 만들지 말라'는 것이다. 에코토피아는 에너지만을 바꾼 것이 아니라, 정치와 경제, 교통과 문화 모두가 지금의 우리와 다를 수 있고 달라야 함을 보여준다. 에코토피아에서 사는 사람들은 한 주에 20시간 일한다. 현재 로봇과 인공지능으로 인한 일자리 감소로 노동시간을 감축하여 시간을 나누지 않으면 안 되는 시대가 오고 있는 것과 일맥상통한다.

(2) 지속가능성(Sustainability)

'지속가능한 발전(Sustainable Development)'이라는 말은 '브룬트란트 보고서'라고도 불리는 『우리 공동의 미래(Our Common Future, 1987)』에서 처음 제시되었고, 1992년 리우 회의에서 공식적으로 채택되었다. 지속가능한 발전이란 '미래 세대가 필요를 충족시킬 수 있는 가능성을 훼손하지 않는 범위 내에서 현재 세대의 필요를 충족시키는 발전'을 말한다. 이 용어는 경제 성장을 주장하는 사람들과 이에 반대하는 환경 운동가들을 화해시키는 계기를 만들었다는 점에서 매우 유용한 의미가 있다. 이후에 기업들이 환경적 책임을 다하는 부분의 'Sustainability'로 채택하면서 대기업들은 '지속가능 경영'에 대해 투자하고 있다.

국가 간의 GDP 경쟁은 끝이 없다. 국가의 재화 생산이 증가해야 하는 것이 자본주의의 속성이다. 그러나 지구환경과 경제적 양극화 현상은 어떻게 할 것인가? 부탄에서 쓰는 '행복지수'와 같은 무언가 새로운 지표가 필요하다. 이제는 성장이 아니라 성숙의 시대이며 양보다는 질로서 평가해야 한다. IWI(Inclusive Wealth Index)는 물적, 인적, 자연 자본, 지식, 인구 등을 포괄적으로 평가하는 것으로 노벨 경제학자 수상자인 조셉 스티글리츠 교수에 의해 개발되어서 지속가능 발전에 유용하도록 되어 있다. 이외에 경제후생지표(MEW : Measure of Economic Welfare), 행복지수(BLI : Better Life Initiative), 인간개발지수(HDI : Human Development Initiative)

등이 있다. 이러한 지표들이 GDP 집착을 대신히고 균형 있는 인간성장, 지속가능성을 반영해야 한다. 그렇지 않으면 브레이크 없는 버스에서 서로 치고 박고 싸우다 다 같이 절벽으로 떨어질 것이다.

기존에 잘사는 사회를 만들기 위해 공산주의를 꿈꾸고 공산주의 국가들이 생겼지만 결국은 다 실패했다. 중국은 더 철저한 자본주의 사회에다 전체주의 통치의 길로 변형되었다. 결국 노동자 계급은 잠재적 자본주의가로 또 다시 착취계급이 될 수 있다. 깐깐한 시어머니에게 시집살이한 며느리가 자기 며느리에게 더 깐깐할 수 있고, 군대에서 고참 때문에 힘들게 생활한 사람이 자기 후임병에게 더 엄하게 하는 것이 사람이다. 우리는 시스템의 수정만으로는 세상을 바꿀 수 없다. 시스템도 보완하고 개개인이 부스터 마인드로 바뀌지 않으면 안 된다. 우리는 언젠가 갑질을 할 수 있고, 남에게 진상이 될 수 있고, 자기만 생각하는 이기적인 존재가 될 수 있다는 것이 우리의 기본 세팅 디폴트이다. 계급의 저글링만으로는 안 된다. 개인의 성찰을 통한 삶의 방식 변화, 지속가능한 공동체적·사회적 가치를 추구하는 국가가 탄생되어야 한다.

영국의 경제학자이자 『성장 없는 번영(Prosperity without Growth)』의 저자 팀 잭슨(Tim Jackson)은 현대자본주의 사회에서 상품은 가장 대표적인 사회적 언어로 자리를 잡고 있어 사람들은 최고의 심리적 만족감을 선사하는 행위를 끊임없는 상품의 구매를 통하여 실현하고자 하고 있다고 한다. 착각에 빠져 자신의 신분을 나타내는 과시적 구매행위로 끊임없는 소비의 덫에 빠져 있는 것이다. 재앙을 막기 위해서, 그리고 장기적인 인류의 번영을 위해서 우리는 인류의 경제적 활동에 대한 환경적 제약 목표를 설정해야 하며 환경적 제약과 비용을 무시하고 있는 무절제한 성장의 체제를 바꾸어야 하며 소비 지상주의 위에 서 있는 사회적 논리를 근본적으로 개혁해야 한다고 주장한다. 그나마 유럽이 환경문제에 정치적으로 적극적이지만 한국과 미국의 경우에는 아직 요원하다.

스위스의 경제학자 한스 크리스토프 빈스방거(Hans Christoph Binswanger)는 저서『성장의 나사』에서 경제성장을 위한 다이어트 계획 하나를 제시한다. 이에 따르면 지구가 배터지게 먹고 마심으로 인해 멸망하는 일이 일어나지 않기 위해서는 전 세계의 성장률을 대략 1.8%로 제한해야만 한다고 한다. 이는 비현실적인 얘기이지만 환경파괴와 기후위기를 감안한 경제성장률 근거라는 점에서 다시 한 번 생각해 봐야 한다.

생태학자인 앙드레 고드는 60년대에 저서『에콜로지카』에서 상당수의 노동자가 워킹 푸어(working poor)로 전락한 상황에서 고용을 더 창출한다는 것은 문제를 해결하는 것이 아니라 노동의 해방을 어렵게 만드는 일이라고 봤다. 현재의 일자리 문제를 이미 통찰력 있게 본 것이다. 우리에게 필요한 '자신을 위한 노동'에 시간을 투자할 수 있는 여건을 마련하도록 국가가 사회적 수당을 주어야 한다고 했다. 지금 코로나 이후 각국에서 기본소득의 선거지명도 있었다. 이러한 인간다움, 자기 존재의 의미이자 목적이 되게 만드는 활동에 시간을 쓸 수 있도록 사회적으로 보장해주지고 제안한 것이다. 결국 남는 시간은 인간성장과 남을 위해 시간을 쓰는 부스터 사회의 선견지명인 것이다.

생태사회학의 근본적 의미는 모든 이들이 한편으로 덜 일하고 덜 소비하는 것, 또 한편으로 좀 더 많은 자율성과 실존적 안전을 확보하는 것 사이의 상관관계를 정치적으로 확립하는 것이다. 노동시간의 전체적 축소로 말미암아 좀 더 자유롭고 느긋하고 풍요한 생활이 모두에게 열릴 것임을 개개인에게 제도적으로 보장하는 것이다. 현재 나오고 있는 기본소득의 논의도 이 책에 나와 있고, AI와 로봇이 대체할 시간에 인간은 생산에 관계되지 않는 일들인 문화, 교양, 예술로 인간답게 사는 유토피아를 이미 꿈꿨다.

철학자 한나 아렌트는 인간과 지구의 관계가 멀어지는 것을 '세계 소외'라고 설명한다. 제국주의로 발전한 자본주의에서 인간과 자연의 물질대사는 세계적으로 더욱 파괴적인 성격을 띠고 인류는 더 분열되고 소외되었는데, 이로 인해 지구적 환경 문제가 야기되었다. 인간은 지구와 세계, 자연과 살고 있지만 더 이상 우리와 관계성 속에서 존재하는 것이 아니라 착취의 대상이 된 것이다.

쿠바는 경제적으로는 공산주의 체제로 자본주의의 풍요한 물질은 누리고 있지 못하지만 생태적으로는 어느 나라 못지않게 환경과 더불어 사는 노력을 한다. 물론 경제적으로 풍요롭지 못하기에 어쩔 수 없는 선택이기도 하지만 대안적인 노력이 섞인 케이스로 보인다. 쿠바는 체 게바라가 제시했던 인간 개발 모델을 '쿠바의 녹

색화' 프로젝트를 통해 어느 정도 실천하고 있다. 쿠바는 세계에서 가장 큰 규모로 작동하는 '지속가능한 농업 모델'을 만들고 있는데, 석유와 화학 물질에 대한 의존도가 낮고, 멀리서 수송되는 식량에 대한 의존도가 낮은(다른 말로 '식량 주권'이 공고한) 농업이라고 할 수 있다. 쿠바에는 유기농을 실시하는 수천 개의 도시 농장이 전국에 산재해 있는데, 수도 아바나에만도 200개가 넘게 있다. 세계야생기금 보고서에 의하면 전 세계에서 쿠바만이 높은 수준의 인간 개발을 달성했는데, 쿠바의 1인당 '생태 발자국(ecological footprint)'은 세계 평균보다 작은 동시에, 인간 개발 지수(HDI : Human Development Index)는 0.8 이상이다.

자본주의는 질적으로 상이한 시간을 동질적인 시간 단위로 환원시킬 뿐만 아니라, 시간을 빠른 속도로 가속화하며, 공간적으로는 자본주의 이전 사회에 비해 압축적인 공간을 갖게 한다. 이로 인해 활동 반경은 비약적으로 확대되었다. 이러한 시간적 가속화, 그리고 공간적 압축은(다른 사회적 요인도 있지만) 무엇보다도 화석 연료의 사용 때문에 가능해진 것이다. 신석기 혁명 이래 농업이 태양 에너지를 분산적으로 활용했다면, 산업 혁명 이후 화석화된 형태(석탄, 석유, 가스 등)로 태양 에너지를 집약적으로 사용하게 된 것이다. 따라서 산업 혁명은 화석 혁명이기도 했다.

자본의 확대 재생산은 가역적이지만, 자연은 근본적으로 비가역적이다. 자본주의 경제에서 이윤과 이자는 끊임없이 확대 재생산되고 순환되어야 하지만, 생태계에서 질료와 에너지의 변형은 비순

환적이며, 확대 재생산되지 않는다. 자본주의에서 성장하지 않는 경제, 축적 없는 경제는 죽음이다. 그러나 이윤율이 증가하는 과정에서 엔트로피가 상승하면서 생태학적 비합리성(환경 문제 등)이 야기된다는 것이 생태학자 이상헌 교수의 이야기다.

생태학자 엘마 알트파터(Elmar Altvater)는 자본주의가 영속되지 않을 것이라 전망한다. 이것은 과거의 마르크스주의자들이 생각했듯이 자본주의가 반드시 붕괴된다는 의미와는 다르다. 그가 보기에 '자본주의의 종말은 그 체제가 외부로부터의 격심한 충격을 더는 이겨낼 수 없고, 동시에 내부에서 신빙성 있는 대안들이 서서히 생겨날 때에만 가능'하다.

생태학자 레베카 코스타는 『지금, 경계선에서 : 오래된 믿음에 대한 낯선 통찰』에서 정부 기구 구성원의 수가 매우 적은 정부, 두뇌 활동을 촉진하는 음식은 무상으로 제공하지만 정크 푸드는 대단히 비싸게 파는 시장, 시간외 수당은 금지하되 급여는 넉넉히 지급해서 충분한 수면을 취할 수 있게 하는 회사, 고혈압, 당뇨병, 우울증 약값 대신 미술 공부나 운동에 드는 비용을 지원하는 보험 회사, 하루에 몇 번씩 강제적으로 휴식 시간을 갖게 하는 회사, 차를 타기보다는 흙길을 더 자주 걸을 수 있는 도시, 두뇌 훈련이 체계적으로 실시되어 치매 노인이 거의 없는 사회를 그리고 있다.

프랑스의 경제철학자 세르주 라투슈(Serge Latouche)는 미국의 경제학자 케네스 볼딩(Kenneth Ewart Boulding)의 말을 인용한다. '자원이 유한하고 무한 성장이 가능하다고 믿는 자는 정신 나간 사람과 경제학자뿐입니다. 유감스럽게도 우리는 그 사이 모두 경제학자가 되어버렸습니다.' 그는 '데크루아상스(Décroissance : 탈성장)'을 제안한다. 환경오염, 낭비, 과잉생산, 과도한 소비를 축소하지 않으면 우리는 멸망할 것이다. 또 그는 저서 『성장하지 않아도 우리는 행복할까?』에서 달팽이를 묘사한다. 달팽이는 항상 더 큰 나선을 차례로 추가하면서 껍질의 섬세한 구조물을 구축하다가 일정한 시점에 이르면 껍질 만들기를 중단하고 작아지는 쪽으로 나선을 말기 시작한다. 나선을 한번 만들면 껍질의 크기가 16배 증가하는데 일정 크기가 넘으면 삶에 유용하기는커녕 과도한 부담이 되기 때문이다. 저자는 이런 달팽이의 모습을 생태계의 유한성이라는 한계에 직면한 경제적 과잉 성장에 대입했다. 생산과 소비를 무제한 늘리다 보면 결국 생태계가 오염과 쓰레기로 인해 파괴된다는 것이다. 팬데믹은 자연의 호소이다. 나 좀 살려달라고, 그러지 않으면 우리 다 죽을 것이라고.

하루가 지나는 물때와 같은 흔적을 어떻게 만드시나요
정신없이 그저 하루 to-do-list 지우면 다인가요… 그건 본전
하루 새로 깨닫고 새로 실천하고 하루 선행해야 그나마 플러스

- 이종찬, 「삶의 족적」 중에서

…그러자 이번에는 부자 한 사람이 말했다. 베풂에 대하여 말씀하여 주소서.

그래 그는 대답했다.

그대들이 가진 것을 베풀었을 때 그것은 베푸는 것이 아니다.

참된 베풂은 자신을 베푸는 것뿐.

그대들이 가진 것이란 사실 무엇인가.

혹시 내일 필요할까 두려워 간직하고 지키는 것 외에?

그래 내일, 하지만 성도(聖都)로 가는 순례자들을 좇아 제 뼈는 자취도 없는 모래 속에 묻어 버리는, 지나치게 조심성 많은 개에게 내일이 무엇을 가져다줄 수 있을 것인가?

또 모자랄까 두려워함이란 무엇인가?

두려워함, 그것이 이미 모자람일 뿐.

그대들은 샘이 가득 찼을 때에도 목마름을 채울 길 없어 목마름을 두려워하진 않는가?

가진 것은 많으나 조금밖에 베풀지 않는 이들 - 그런 이들은 알아주기를 바라며 베푸는 이들이다. 그리하여 그들의 은밀한 욕망은 그들의 선물마저 불결하게 만들어 버린다.

허나 가진 것은 조금밖에 없으나 전부를 베푸는 이들이 있다.

이들이야말로 삶을 믿는 이들이며, 삶의 자비를 믿는 이들이며, 그리하여 그들의 주머니는 결코 비지 않는 것을.

- 칼린 지브란, 『예언자』의 「베풂에 대하여」 중에서

양심과 도덕에 구애받지 않는 자들이
이 세계를 만들고 파괴하지

단순한 흑백보다는 복잡한 회색이 인류에게 덜 해롭다

- 최영미 詩 「짧은 생각」 중에서

깊은 산 오솔길 옆 자그마한 연못엔
지금은 더러운 물만 고이고 아무것도 살지 않지만
먼 옛날 이 연못엔 예쁜 붕어 두 마리
살고 있었다고 전해지지요 깊은 산 작은 연못

어느 맑은 여름날 연못 속에 붕어 두 마리
서로 싸우다 한 마리가 물 위에 떠오르고
그 몸 살이 썩어들어가 물도 따라 썩어들어가
연못 속에선 아무것도 살 수 없게 되었죠
깊은 산 오솔길 옆 자그마한 연못엔
지금은 더러운 물만 고이고 아무것도 살지 않죠

- 김민기 노래, 「작은 연못」 중에서

Part 3

우리에게 남은
희망

01.
인생이라는 연극의 배역

현대 우리 사회는 무관심이라는 병에 걸려 있다. 각자도생의 삶에서 타인을 돌볼 겨를이 없다. 나만 잘 살면 되고 내 가족만 건강하면 된다. 개인의 성공과 실패는 개인의 몫이다. 우리는 타인에게 책임을 지지 않는다. 프란치스코 교황이 최근 출간한 『렛 어스 드림』이라는 책은 팬데믹을 통해서 드러난 자본주의의 민낯을 보여준다. 그럼에도 사회적 연대와 공동체 정신으로 우리가 이 땅에서 서로를 돌보는 하나님 나라, 이 땅이 천국이 되기를 소망하며 우리에게 얘기하고 있다.

가난하고 소외된 주변의 사람들도 생각하고 바라볼 줄 아는 넓은 시야가 필요하다. 공감 능력이 필요한 사회이다. 좋은 리더가 되기 위해서는 공감 능력이 있는 사람이 되어야 한다. 종교도 개인의 욕망을 비는 기복신앙에서 벗어나 이웃과 환경에 눈을 돌리고 바라보는 포용하는 신앙이 필요하다.

프란치스코 교황은 자본주의에서 인간이 생산도구로 전락해서 목적과 수단이 전도된 사회에 살고 있다고 한탄한다. 또 프란치스코 교황은 인간의 존엄성과 일자리, 생태계의 재생에 중심을 두는

'사회적' 경제가 필요하다고 한다. 한국에서는 '사회적'이라는 단어에 트라우마나 알러지가 있기 때문에 거부반응을 일으키는 사람이 많다. '돌봄의 경제', '포용경제', '총체적 경제' 등등의 대안 경제들을 많은 학자들이 주장하고 있다.

'문제는 가난한 사람에게 먹을 것을 주고, 헐벗은 사람에게 옷을 주며, 병든 사람을 방문하는 게 아니라, 가난한 사람, 헐벗은 사람, 병든 사람, 죄수와 노숙자에게도 우리와 함께 식탁에 앉아 마음 편히 어울리며 가족의 일원이라 느끼는 존엄성이 있다는 것을 인정하는 것입니다. 이 마음이 하늘나라가 우리 안에 있다는 징표입니다.'

팬데믹은 우리 사회가 원래의 질서를 찾아야 할 시간이라고 얘기한다. 경제가 사회의 상부에 있는 것이 아니라 사회 본연의 질서가 경제를 좌우해야 한다고 한다. 기업도 이익만을 추구하는 것이 아니라 공동체와 자연을 보호하고 의미 있는 일을 제공하는 데 목표를 두어야 한다고 프란치스코 교황은 얘기한다.

한국 사회의 갑질 문화와 계층문화는 미국에서 사는 나로서는 상당히 낯설고 불편하다. 미국도 그런 문화가 없는 것은 아니지만 한국은 상대적으로 정도가 심하고 사회에 만연한 문화인 것 같다. 자신의 부나 성공이 남의 희생과 무관한 자신만의 성공으로 생각하면 오산이다. 누군가는 그 성공의 대가로 피와 땀을 대신 흘려준 것이다. 본인의 성공은 자신의 노력도 있지만 운이거나 하늘에서 도운 것이라고 생각하면 자만할 수 없다. 그렇기 때문에 진정 성공한 사람은 겸손하다. 프란치스코 교황이 얘기한다. '상대를 내

러다봐도 괜찮은 유일한 순간은 그를 일으키려고 손을 내밀 때입니다.'

우리는 어쩌면 인생이라는 연극에서 한 배역을 신으로부터 캐스팅 받은 것이다. 잘났든 못났든, 돈이 많든 적든, 배웠든 못 배웠든 우리는 우리의 배역을 열심히 수행하면 된다. 배역은 주어진 것이므로 남을 무시하면 안 된다. 내가 특별히 더 예뻐서, 잘나서 준 것이 아니라 그것은 신의 마음이다. 단 우리는 우리의 배역을 충실히 연기하되 남을 돌아보고 사는 것이 신이 디자인한 세상이라고 생각한다. 남들 돌보고 지구를 돌보는 것은 누구에게나 주어진 캐스팅 조건이다. 우리가 인생이라는 연극을 끝냈을 때 분명의 나의 연기에 대해서 감독인 신께서는 평가를 할 것이다. 너는 연기를 왜 이리 잘해, 혹은 못해 하면서 코멘트를 달아줄 것이다. 그러니 오늘도 나의 배역을 충실히 맡아서 해야 한다. 배역에는 귀천이 없다. 나보다 못한 단역이라도 더 우대해야 한다. 왜냐하면 내가 다음에 그 배역을 맡지 않으리라는 법이 없기 때문이다.

02.
부스터 워크시트

이제 나의 실천 계획들을 짜고 실천할 시간이다. 그룹을 이루어서, 혹은 개인적으로 아래의 워크시트를 작성해서 주변 사람과 같이 공유하며 이야기를 나누어 보도록 한다. 보이는 곳에 붙여놓고 지속적으로 리마인드하며 모니터링한다. 주기적으로 보면서 평가하고 수정해나갈 수도 있다. 필자에게 계획을 보내고 조언을 구해도 된다(nofearljc@gmail.com).

체크항목들	개인	사업
목적 찾기	1. 2. 3.	1. 2. 3.
탤런트, 핵심역량 찾기	1. 2. 3.	1. 2. 3.
부스트 실천계획 짜기 (구체적이고 실천가능 하며 측정 가능할 것)	1. 2. 3.	1. 2. 3.
실행하기	1. 위의 계획은 바로 실천되고 있는가? 2. 실천을 방해하는 요소는?	1. 위의 계획은 바로 실천되고 있는가? 2. 실천을 방해하는 요소는?
피벗팅하기	1. 확장할 수 있는 영역은? 2. 확장할 단계별 계획은?	1. 확장할 수 있는 영역은? 2. 확장할 단계별 계획은?
남도 부스팅 하기	1. 도울 수 있는 방법? 2. 도울 사람? 3. 환경적 실천은?	1. 사회적 책임으로 할 실천계획은? 2. 환경적 책임으로 할 실천계획은?

부스터 워크시트

맺음말

나의 이야기

나는 이 책을 쓰면서 좀 더 사람들이 주위를 둘러보고 주변에 어려운 이웃과 사회약자를 돕고 지구환경, 동물도 더 사랑하자는 취지로 이 책을 썼다. 말은 쉽지만 행동은 쉽지 않다. 나도 그랬다. 신앙을 가진 사람으로 미국에 이민 와서 나 또한 이민 생활에 정착하는 데 정신이 없었으므로 남을 돌볼 겨를도 없었다. 그러나 사람들은 언제나 다음 기회로 미룬다. 남을 돕는 부스터형 인간은 처음부터 태어나는 것이 아니라 만들어지는 것이다.

성경에 선한 사마리아인 이야기가 나온다. 강도 만난 사람을 보고도 지나치는 제사장과 레위인은 정작 율법대로 실천은 하지 않는다. 내손을 더럽히고 싶지 않은 것이다. 그러나 사마리아인(예수님 시절 유대인들로부터 멸시당한 혼혈 유대인)은 강도 만난 사람을 지나치지 않고 도와준다. 예수님이 누가 진정한 이웃이냐고 되묻는다. 최근에 일부 교회가 공공안전을 무시하고 방역수칙을 어기며 코로나를 전파하는 현실을 보면 안타깝기 그지없다.

필자는 재물, 시간, 탤런트가 나눌수록 더욱 늘어난다는 것을 몸소 체험했다. 이 책에서 대가들의 이야기와 학술적 논문을 근거로 삼아 남을 돕고 사회적 책임을 다하는 회사가 성공한다는 것을 최대한 증명하려 노력했는데, 여러분을 설득시키기에 충분할지 모르겠다. 그러나 나의 인생을 돌아볼 때 부스터로서의 삶의 자세를 가지고 한 걸음, 한 걸음 나갈 때 재물, 시간, 탤런트는 더욱 풍성해졌다(Multiply라는 영어표현이 더 맞는 것 같다).

아리스토텔레스는 '좋은 인생은 목표와 원인에 충실한 삶'이라고 했다. 목표와 원인이라고 생각한 것들이 진정한 제1의 목표와 원인이 맞는지 생각해 보아야 한다. 돈과 편안함을 위해 달리는 삶에서 주변을 돌아보고 인간의 존재목적과 나의 존재목적을 돌아보는 영성의 시간을 가져야 한다. 영화 「매트릭스」처럼 우리는 빨간 약과 파란 약을 선택할 수 있다. 파란 약을 먹으면 그냥 사람들 사는 대로 대세처럼 살면 되고, 빨간 약을 먹으면 세상 사람들이 왜 저렇게 사는지 다시 돌아보고 나의 인생도 다시 돌아보는 삶이 된다. 신은 우리를 동물처럼 '먹고만' 살라고 만들지는 않았을 것이란 것이 나의 믿음이다. 인생이라는 시험이 끝났을 때 우리는 편하게 파란 약을 먹고 인생을 살았다고 평가받을지, 아니면 빨간 약을 먹고 남들이 가지 않은 좁은 길로 걸어왔는지, 당신이 평가하든 신이 평가하든 그날이 올 것이다.

참고문헌

• 『미래 사회 보고서 : 당신의 미래를 지배할 것들』, 유기윤 외 공저, 2020, 라온북

• 『팀 켈러의 정의란 무엇인가』, 팀 켈러, 2012, 두란노서원

• 『우리의 불행은 당연하지 않습니다』, 김누리, 2020, 해냄

• 『타인의 힘』, 헨리 클라우드, 2017, 한스미디어

• 『조선에서 백수로 살기』, 고미숙, 2018, 프론티어

• 『소진시대의 철학』, 김정현, 2018, 책세상

• 『브리꼴레르』, 유영만, 2017, 쌤앤파커스

• 『원하는 꿈을 얻는 확실한 지혜』, 크레이그 맥클레인, 2017, 젤리판다

• 『협력의 역설』, 애덤 카헤인, 2020, 메디치미디어

• 『AI 시대, 본능의 미래』, 2020, 제니 클리먼, 반니

• 『2021 트렌드 노트 : 공통의 경험, 새로운 합의』, 정유라 외 6인 공저, 2020, 북스톤

• 『공간이 만든 공간』, 유현준, 2020, 을유문화사

• 『이상한 놈들이 온다』, 세스 고딘, 2011, 21세기북스

• 『트라이브즈(Tribes)』, 세스 고딘, 2020, 시목

• 『콘텐츠가 전부다』, 노가영, 조형석, 김정현, 2020, 미래의창

• 『생각하지 않는 사람들』, 니콜라스 카, 2020, 청림출판

• 『또 다른 10년이 온다』, 한상춘, 2019, 한국경제신문사(한경비피)

• 『나를 채우는 인문학』, 최진기, 2019, 이지퍼블리싱

• 『직업의 종말』, 테일러 피어슨, 2017, 부키

• 『미래학자의 통찰법』, 최윤식, 2014, 김영사

- 『100세 인생』, 앤드루 스콧, 린다 그래튼, 2020, 클
- 『왜 일하는가?』, 조정민, 2017, 두란노서원
- 『생각의 차이가 일류를 만든다』, 이동규, 2019, 21세기북스
- 『제5의 기원』, 로버트 L. 켈리, 2019, 반니
- 『그들은 왜 극단적일까』, 김태형, 2019, 을유문화사
- 『디지털 트렌드 2021』, 권병일, 권서림, 2020, 책들의정원
- 『하바드의 생각 수업』, 후쿠하라 마사히로, 2014, 메가스터디북스
- 『롱테일 경제학』, 크리스 앤더슨, 2006, 랜덤하우스코리아
- 『멀티플라이어(2판)』, 리즈 와이즈먼, 그렉 맥커운, 2020, 한국경제신문사(한경비피)
- 『소비 수업』, 윤태영, 2020, 문예출판사
- 『나는 누구인가』, 강신주, 고미숙, 김상근, 슬라보예 지젝, 이태수, 최진석, 2016, 21세기북스
- 『미래 인문학 트렌드』, 박석준 외 9명 공저, 2016, 아날로그
- 『생각에 관한 생각』, 대니얼 카너먼, 2018, 김영사
- 『낯선 사람 효과』, 리처드 코치, 2012, 흐름출판
- 『나는 투자금 없이 아이디어만으로 돈을 번다』, 최규철, 2020, 비전코리아
- 『문명의 붕괴』, 제러드 다이아몬드, 2005, 김영사
- 『인문학, 라이프스타일을 제안하다』, 모종린, 2020, 지식의숲
- 『각자도생 사회』, 전영수, 2020, 블랙피쉬
- 『신중년이 온다』, 조창완, 2020, 창해(새우와 고래)
- 『포스트트루스』, 리 매킨타이어, 2019, 두리반
- 『로봇의 부상』, 마틴 포드, 2016, 세종서적
- 『나는 왜 시간에 쫓기는가』, 필립짐바르도, 존보이드, 2016, 프런티어
- 『행운에 속지 마라』, 나심 니콜라스 탈레브, 2016, 중앙북스
- 『무례한 시대를 품위 있게 건너는 법』, 악셀 하케, 2020, 쌤앤파커스
- 『지구와 바꾼 휴대폰』, 위르겐 로이스, 코지마 다노리처, 2017, 애플북스
- 『가짜뉴스 경제학』, 노혜령, 2020, 워크라이프
- 『일의 언어』, 클레이튼 크리스텐슨, 캐런 딜론, 2017, 알에이치코리아
- 『갈매기의 꿈』, 리처드 바크, 2007, 현문미디어
- 『슬기로운 방구석 플랜B : 포스트 코로나와 4차 산업혁명 시대에 쿨하게 생존하는 법』,

박희진, 2020, 슬로디미디어

- 『비욘드 사피엔스 : 인간의 지능을 초월한 AI가 온다』, 김수형, 2020, 매일경제신문사
- 『말장난 : 유병재 삼행시집』, 유병재, 2020, arte(아르테)
- 『호모 엠파티쿠스가 온다』, 최배근, 2020, 21세기북스
- 『바벨탑 공화국 : 욕망이 들끓는 한국 사회의 민낯』, 강준만, 2019, 인물과사상사
- 『우리는 어떤 미래를 원하는가』, 박성원, 2017, 이새
- 『지속가능한 삶을 모색하는 사피엔스를 위한 가이드』, 김선우, 2021, 카시오페아
- 『트랜스휴머니즘과 포스트휴머니즘』, 이혜영 외 3인 공저, 2020, 한국학술정보
- 『프리랜서 시대가 온다』, 이은지, 전민우, 2018, 트러스트북스
- 『새로운 공부가 온다 : 인공지능 시대의 생존 공부법』, 안상헌, 2020, 행성B
- 『생각하지 않는 사람들 : 인터넷이 우리의 뇌 구조를 바꾸고 있다』, 니콜라스 카, 2020, 청림출판
- 『기획의 고수는 관점이 다르다 : 아이디어를 돈으로 만드는 실전 기획』, 박경수, 2020, 반니
- 『코로나 이코노믹스』, KT경제경영연구소, 2020, 한스미디어
- 『공감의 시대』, 프란스 드 발, 2017, 김영사
- 『또 다른 10년이 온다』, 한상춘, 2019, 한국경제신문사
- 『생태주의』, 이상헌, 2011, 책세상
- 『우리는 언젠가 만난다』, 채사장, 2017, 웨일북
- 『AI 시대, 문과생은 이렇게 일합니다』, 노구치 류지, 2020, 시그마북스
- 『AI 시대, 인간과 일』, 토머스 데븐포트, 줄리아 커비, 2017, 김영사
- 『누가 뭐래도, 내 인생은 내가 만든다』, 김수미 외 5명 공저, 2019, 치읓
- 『포노 사피엔스 경제학』, 전승화, 2019, 메가스터디북스
- 『오늘부터의 세계 : 세계 석학 7인에게 코로나 이후 인류의 미래를 묻다』, 안희경, 제러미 리프킨, 원톄쥔, 장하준, 마사 누스바움, 케이트 피킷, 닉 보스트롬, 반다나 시바, 2020, 메디치미디어
- 『슈퍼인텔리전스 경로, 위험, 전략』, 닉 보스트롬, 2017, 까치
- 『하버드 비즈니스 강의』, 하버드 공개 강의 연구회, 2020, 북아지트
- 『인맥보다 강력한 네트워킹의 힘』, 재닌 가너, 2020, 트로이목마
- 『포스트휴먼으로서의 인간에 관한 철학적 신학의 비평』, 김동현, 2019, 장신논단